Corinna Mamok

Mama, mutig, mittendrin

KNESEBECK

Corinna Mamok

Mama, mutig, mittendrin

Inspiration und Motivation für deinen eigenen Weg als Mutter und Frau

KNESEBECK

Inhaltsverzeichnis

Liebe Leserin,

Mit diesem Buch möchte ich dich auf eine Reise mitnehmen: Ich möchte dir zeigen, dass es nicht den einen Weg geben wird, wie du ein selbstbestimmtes Leben als Frau und Mama führen kannst, sondern immer nur deinen eigenen. Doch was heißt das überhaupt, den eigenen Weg zu gehen? Lebst du nicht einfach und beschreitest ihn damit automatisch?

Ich kann an dieser Stelle nur für mich sprechen. Und ich bin definitiv nicht immer hundertprozentig meinen eigenen Weg gegangen. Ganz im Gegenteil, ich habe viele Dinge einfach angenommen, weil »man das so macht«. Laut gesellschaftlichem »macht man so« hätte ich mich in bestimmten Bereichen also supergut fühlen müssen – das Gegenteil war der Fall. Ein Beispiel: mein erstes Jahr mit Baby. Meine Vorstellung suggerierte mir eine dauergrinsende Honigkuchenpferd-Mama, die den Kinderwagen durch die Gegend schiebt.

Meine Realität sah jedoch anders aus, denn ich hatte die Langweile meines Lebens. Natürlich himmelte ich mein Baby an, doch das reichte einfach nicht. Ich wollte mehr – und dafür schämte ich mich. Ich musste feststellen: Ich liebe meine Kinder aus tiefstem Herzen und ja, ich habe sie mir mit jeder Faser meines Körpers gewünscht. Doch sie sind nicht die einzige Zutat für mein persönliches Glück. Genauso wenig wie ich die einzige Zutat für ihr persönliches Glück bin.

Es ist auch überhaupt nicht ihre Aufgabe, mich glücklich zu machen oder mir das Gefühl von Erfüllung zu geben. Ich bin diejenige, die dafür sorgen muss, dass ich glücklich bin, und ich brauche einfach mehr Dinge, um glücklich zu sein. Ich brauche Zeit »nur« mit meinem Partner, aber genauso brauche ich auch Zeit mit mir allein.

Vor allem brauche ich Kreativität in meinem Leben und Projekte, die mich fordern. Das ist einfach so. Um das zu erkennen und auch annehmen zu können, waren zwei Jahre, über 6000 Kilometer auf der Autobahn, um die 5000 Fotos und fast 50 Frauen nötig, mit denen ich über das Thema Mamasein und Vereinbarkeit von Beruf und Familie gesprochen habe.

Damit nicht auch du durchs ganze Land touren musst für die Erkenntnis, dass es nie »die eine Wahrheit« gibt, habe ich dieses Buch geschrieben. Weil es eben ganz viele

Wahrheiten gibt. Es gibt keinen Grund, sich für etwas zu schämen, nur weil andere es vielleicht anders machen. Ich will, dass du genau wie ich die Möglichkeit bekommst, durch die Wahrheiten der anderen Mütter deine eigene Wahrheit zu erkennen. Ganz egal, wie diese aussieht.

Ich möchte ganz ehrlich mit dir sein: Die Frauen aus diesem Buch haben mich gerettet, ohne es überhaupt zu wissen. Sie haben mir geholfen, mich selbst wiederzufinden. Bei jedem Termin fand ich ein neues Puzzlestück von mir, sodass ich am Ende das Gefühl hatte, endlich wieder komplett zu sein. Du fragst dich vielleicht, was sich durch meine Reise konkret für mich geändert hat?

Im Herbst 2018 fühlte sich mein Leben wie eine nicht enden wollende To-do-Liste an. Ich hatte zwei Jobs, zwei Kinder, einen Mann, ein Haus, zwei Hunde, einige gute Freunde. Mein Leben war voller Fülle – und ich war schlichtweg überfordert davon. Ich hatte keine Ahnung, was ich tun konnte, um diesen Zustand zu ändern. Ich wusste nur, dass ich ihn nicht über Jahre aushalten würde.

Ich wollte etwas ändern, doch was und vor allem: wie? Irgendwann fragte ich mich, wie andere Frauen Familie und Beruf miteinander vereinbaren, ohne dabei verrückt zu werden. Diese Frage begleitete mich über Wochen und irgendwann gab es dann diese Idee, die mich anzog wie das Licht die Motte.

»Die Frauen aus diesem Buch haben mich gerettet, ohne es überhaupt zu wissen.«

Es war wie ein heißer Flirt, der mir regelrecht den Kopf verdrehte und mich unglaublich euphorisch werden ließ. Ein Gefühl der Lebendigkeit durchströmte mich. Ich bekomme heute noch Gänsehaut, wenn ich daran denke, wie ich aus meinem gelben Ohrensessel aufgesprungen bin und diese Idee zum ersten Mal laut ausgesprochen habe.

Ja, unser Kennenlernen war intensiv und unglaublich aufregend. Anfangs hätte ich mir allerdings nie vorstellen können, dass die Idee und ich eine so lange Beziehung eingehen würden. Irgendwann erkannte ich, dass ich mit diesem Projekt etwas erschaffen konnte, das meinen Weg in eine neue Richtung lenken würde. Gleichzeitig sollte es vielen anderen dabei helfen, ihren eigenen Weg zu erkennen.

Dass aus dieser Idee irgendwann mal ein Buch werden könnte, war zu Beginn völlige Utopie. Denn zunächst fühlte sich alles wie die reinste Herausforderung für mich an: Wie sollte ich ein solch aufwendiges Projekt in meinen sowieso schon vollen Alltag integrieren, wie die passenden Frauen dafür fin-

den, in welcher Form wollte ich die gesammelten Inhalte überhaupt präsentieren?

Ich hatte keinen blassen Schimmer, ich war mir nur absolut sicher, dass es genau das ist, was ich tun musste. Also fing ich an, einfach so, ohne Plan. Zu allen potenziellen Teilnehmerinnen sagte ich immer: »Ich habe da diese großartige Idee, ich will zeigen, wie unterschiedlich es aussehen kann, eine Mama zu sein. Dabei soll klar werden, wie wertvoll es ist, dass wir einander zuhören, anstatt uns gegenseitig zu beurteilen. Ich habe keine Ahnung, was aus diesem Projekt wird, aber ich will es durchziehen. Hast du Lust, mitzumachen?«

Erstaunlicherweise sagten die meisten daraufhin Ja. Vielleicht konnten sie meine Leidenschaft spüren, ich weiß es nicht. Nachdem ich die erste Hürde genommen und Termine geplant hatte, stand ich vor der nächsten. Ich hatte es in 32 Lebensjahren geschafft, mich nie weiter als 150 Kilometer allein von meinem Zuhause zu entfernen. Genau genommen war ich zu dem Zeitpunkt noch nie länger als 24 Stunden ohne Freunde und/oder Familie gewesen. Plötzlich plante ich Interviewtermine in ganz Deutschland.

In meinem Kopf herrschte absolutes Chaos, denn meine Angst erfand im Sekundentakt neue Horrorszenarien, die allesamt mit meinem Tod auf der Autobahn endeten. Trotzdem fuhr ich los, heulend. Aber ich fuhr. Als ich nach diesem Drei-Tage-Trip in die Schweiz tatsächlich wieder heil zu Hause ankam und weder die Kinder beim Papa noch ich allein auf der Straße gestorben war, hatte ich die Erkenntnis: Es gibt noch so viel mehr zu entdecken in diesem Leben!

Ich will dir aber noch nicht zu viel verraten ... Nur eines vorab: Die 30 Frauen, die ihre Geschichte in diesem Buch erzählen, können auch dich auf deinem Weg unterstützen.

Vor jedem Termin und beim Schreiben habe ich mir die Frage gestellt: Was kann ich von dieser Person lernen? Wenn du magst, lies dieses Buch mit der gleichen Intention. Ich wünsche dir auf alle Fälle viel Freude damit!

Alles Liebe Corinna

Mama werden

Der Moment, in dem alles ganz simpel (oder auch nicht) beginnt

Du wirst Mama! Von Schwangerschaftshormonen regiert, sprudelst du an einigen Tagen regelrecht vor Tatendrang über, während du an anderen so müde bist, dass ein Power Nap am Mittag die einzige Lösung ist, den Tag zu überstehen. Währenddessen rumpelt das Gedankenkarussell: Wie soll es werden, mein Mamadasein?

Mama werden

Kannst du dich noch an den Moment erinnern, als du erfahren hast, dass du zum ersten Mal schwanger bist? Diese kribbelige Aufregung, die ungläubige Vorfreude, gepaart mit ein klein wenig Unsicherheit und der größten Portion an Glück, die du je gespürt hast? Das war der Startschuss für das wohl größte Abenteuer in deinem Leben. Der Startschuss für das Abenteuer Mama.

Lass uns kurz zurück zu diesem Moment reisen. Eine Zeit der völligen Ahnungslosigkeit und positiv gestimmten Naivität. Zurück zum Nullpunkt des Abenteuertrips, als wir noch nicht wussten, wie sich wochenlanger Schlafentzug anfühlt, und erkennen mussten, dass eben dieser sich hervorragend als Foltermethode eignet.

Doch wer von uns hätte damals gedacht, dass uns nach vier Stunden Geschrei und Weinen das Lächeln unseres Babys sofort wieder mit der Welt versöhnt und uns mit neuer Kraft versorgt? Zu Beginn des Abenteuers konnte keine von uns überblicken, was auf uns zukommt oder wie der sprichwörtliche Hase so laufen wird. Und nein, auch die superinformierten Rechercheprofis und Bücherwürmer unter uns werden immer wieder überrascht, und zwar vom Leben.

Eine »gute« Mutter

Erinnerst du dich noch an all die Gedanken, die damals in deinem Kopf herumschwirrten? Vielleicht hast du dir die Frage gestellt, wie du eine »gute« Mutter werden kannst, und gleichzeitig festgestellt, dass du noch gar keine Antwort auf diese Frage hast. Woher auch, es war schließlich das erste Mal, dass du in einer solchen Situation warst. Frage: Geht eine »gute« Mutter arbeiten oder bleibt sie zu Hause bei ihrem Kleinkind? Ist es möglich, Karriere zu machen und dennoch eine »gute« Mutter zu sein? Welche Rahmenbedingungen entscheiden über »gut« oder »schlecht«? Wird eine gute Mutter anhand des empfundenen Glücks ihres Kindes gemessen? Oder seines Erfolgs in der Schule, bei Freunden und im Leben? Gibt es Kriterien, die man zwangsläufig erfüllen muss, um eine »gute« Mutter zu sein?

Würde man hundert Menschen diese Frage stellen, würde man wahrscheinlich hundert unterschiedliche Antworten erhalten. Denn wir alle greifen auf eigene und damit diverse Erfahrungen zurück, führen unser Leben unter individuellen Bedingungen und priorisieren unterschiedliche Werte. Und glücklicherweise leben wir in einer Zeit, in der auch alternative Lebenskonzepte gesellschaftlich akzeptiert werden oder zumindest realisierbar sind.

Für manche ist eine »gute« Mutter eine, die maximal Teilzeit arbeitet, den Haushalt und Hauptteil der Care-Arbeit übernimmt, täglich frisch und vegan kocht, möglichst plastikfrei lebt, achtsam und intuitiv mit ihren Kindern umgeht und viel Zeit mit ihnen im Freien verbringt. Gleichzeitig ist sie eine rücksichtsvolle, stärkende und liebende Partnerin für ihren Mann, pflegt also fürsorglich auch ihre Partnerschaft.

Für andere bedeutet eine »gute« Mutter zu sein, dass man sein Kind maximal fördert (musikalisch, sportlich und kognitiv), es nach dem ersten Geburtstag spätestens in die Kita gibt, damit es in sozialen Kontakt mit Gleichaltrigen und etwas älteren Kindern gelangt. Eine Mutter, die ihre Eigenständigkeit dadurch hervorhebt, dass sie ihre Karriere weiterverfolgt, um ihrem Kind ein Vorbild in dieser Hinsicht zu sein. Was also ist eine »gute« Mutter heutzutage? Das muss jede für sich beim »Sprung ins kalte Wasser« herausfinden!

Ein Wegbegleiter durch den Fragenwald

Wie schafft man es, sein eigenes Familienmodell zu kreieren, ohne sich im Meer der Meinungen und gesellschaftlichen Konventionen zu verlieren? Genau an diesem Punkt soll dieses Buch ansetzen: Es soll dir ein Wegbegleiter sein durch diese vielen Fragen, es soll dir ermöglichen, deinen selbstbestimmten Weg durch den Mama-Dschungel zu finden. Ich weiß, es klingt zunächst paradox, dass dieses Buch dir einerseits dabei helfen soll, deinen eigenen Weg zu entdecken, und ich gleichzeitig behaupte, dass dir niemand diesen Weg weisen kann. Doch genauso ist es!

Ich kann dir nicht sagen, wie du deinen Weg gehen sollst, das will ich auch gar nicht. Doch ich kann dir dabei helfen, allgemeingültige Annahmen zu hinterfragen und deine eigenen Mama-Standards zu entwickeln, damit du zu deinem eigenen wegweisenden Nordstern wirst. Am besten ohne allzu viel wertenden Input von außen.

Im ersten Schritt gehen wir zurück zu den Wurzeln, zurück an den Punkt, an dem wir noch keine Antwort auf die Frage hatten, wie wir als Mutter sein werden. Wir hatten nur eine Idee, einen Wunsch oder einen Traum, aber keinen konkreten Plan. Das Schöne am Mamawerden ist, dass im Grunde die meisten Frauen ähnliche Unsicherheiten spüren. Es sind also alle Mamas gleich, selbst wenn wir uns manchmal ziemlich allein in dieser Situation fühlen. Und hier muss ich mal als Expertin in eigener Sache sagen: Wir können so viele Pläne machen, wie wir wollen, am Ende kommt sowieso vieles anders.

Ein guter Plan hat noch nie geschadet. Doch manchmal ist es Zeit für Überraschungen.

Aber egal, ob jung oder alt, arm oder reich, strukturiert oder chaotisch, emotional oder rational: Wir Mütter befanden uns alle in diesem Mix aus Vorfreude, Unsicherheit und dem Gefühl, dass da etwas ganz Großes auf uns wartet, das alles verändern wird. Wir wussten allerdings nicht, in welchem Ausmaß das geschehen würde.

Zukunft klar, aber wie?!

Wir wussten nicht, wie es sich anfühlt, Mutter zu werden, aber wir wussten, wie es sich anfühlte, Kind und Teil einer Familie zu sein. Dieses Bild von der eigenen Kindheit bringt uns meistens dazu, dass wir mindestens eine Sache bei unseren Kindern garantiert anders machen wollen als unsere Eltern. Vielleicht dachtest du auch überhaupt nicht so viel über die große Veränderung nach und hast eher alles auf dich zukommen lassen.

An das Wechselbad zwischen Unsicherheit und Vorfreude erinnerst du dich aber bestimmt noch. Zumindest bei mir war es so, dass sie meine ständigen Begleiter waren, mal abwechselnd, mal gleichzeitig. Diese Emotionen werden von jeder Frau in unterschiedlichem Maß wahrgenommen: Während sich bei der einen die Schwangerschaft anfühlte, als platze die Vorfreude schier aus ihr heraus, wurde die andere vielleicht eher von Unsicherheit übermannt.

Diese Bedenken, die wir alle unterschiedlich stark spüren, stellen manchmal »lustige« Dinge mit uns an. Wir suchen dann nach Sicherheitsankern und manch eine findet Bestätigung oder Erkenntnisse bei Erfahrungen von anderen Müttern. Andere hingegen brauchen Zahlen, Daten und Fakten. Man möchte vergleichen, um zu sehen, ob alles seinen »normalen« Gang geht.

Doch was ist diese Norm des Normalen und wie kann eine durchschnittliche Zahl einem Individuum Sicherheit geben? Was bringt der Vergleich mit Richtzahlen oder das Schielen auf andere Frauen und ihre Kinder? Ein Beispiel: Wenn der Großteil aller Mütter ein Jahr Elternzeit beantragt, bedeutet das nicht zwangsläufig, dass das für jede die richtige Entscheidung sein muss. Für manche ist diese Zeitspanne grauenhaft lang, für andere schmerzhaft kurz. Kann also ein Vergleich wirklich das Gefühl von Sicherheit geben?

Wie groß dieses Thema Unsicherheit in der Schwangerschaft ist, lässt sich allein daran erahnen, wie groß die Industrie ist, die davon lebt, Müttern und Vätern ein Gefühl von Sicherheit zu verkaufen. So gibt es unzählige Apps und Bücher mit Fakten, wie man zu verschiedenen Zeitpunkten in der Schwangerschaft zu sein hat. Gibt man bei Google »Größe Baby 16. SSW« ein, kommt sekundenschnell die Info: In der 16. Schwangerschaftswoche (SSW) hat das Baby etwa 100 g schwer und um die 11 cm groß zu sein (»Das entspricht einem Apfel«). Recherchiert man dann noch »Gewichtszunahme 16. SSW«: Zu diesem Zeitpunkt sollten sich 2–4 kg mehr bei dir auf den Rippen befinden. Wie du siehst: Google weiß alles! Doch wie gehst du mit diesen Informationen um?

Vielleicht ist die Schwangerschaft ja ein Trainingslager dafür, auf dein eigenes Bauchgefühl zu hören. So bekommen wir genügend Zeit geschenkt, auch mit dem Gefühl der Unsicherheit umgehen zu lernen. In der Schwangerschaft wird geplant, organisiert und vorbereitet, von der Elternzeit über Erstausstattung bis hin zum Geburtsvorbereitungskurs. Wir haben alles so gut, wie wir nur konnten, geplant und fühlen uns sicher. Wenn unser Baby dann aber zum ersten Mal an einer eher unbekannten Krankheit leidet, melden sich die Unsicherheit und der Drang nach Vergleichen sofort mit aller Macht zurück.

Für mich kann das Vergleichen im besten Fall eine trügerische Sicherheit mit sich bringen. Stimmen die Vergleichswerte oder Erfahrungen überein, fördert das vielleicht kurzfristig das Gefühl von »Normalsein«. Ansonsten bringt es meist nur Frust. Ein Vergleich ist eine Einladung zu einem Urteil über andere und uns selbst.

Das muss ich noch einmal betonen, denn an diesem Punkt freuen wir uns nicht mehr über das Anderssein und akzeptieren es, sondern stecken es in Schubladen und versehen es mit einem Stempel. Und außerdem: Wie alles im Leben unterliegen auch wir der Veränderung. Schließlich singt selbst Disneys Pocahontas: »Nie schwimmt man zweimal im selben Fluss.«

Zeit zum Tagträumen

Alles kann, nichts muss: Das sollte auch für deine Träume gelten! Nachdem wir nämlich alles gekauft, gemessen, sortiert, eingeräumt und gestrichen haben, bleibt irgendwann mehr Zeit für Tagträume. Erinnerst du dich noch daran, als du darüber nachdachtest, wie dein Leben mit Baby aussehen könnte? Es war eine herrlich positive Art und Weise, über die Zukunft zu spekulieren. Und seien wir mal ehrlich, mehr als pure Spekulation war das in der Tat nicht. Wir entwickeln während der 40 Wochen, in denen das Baby in unserem Bauch wächst, eine grobe Vorstellung von dem, was zukünftig auf uns zukommen würde, allerdings in der »rosarotesten« Art und Weise.

Wir stellen fest, dass unser Körper sich verändert, dass wir mit Dingen klarkommen müssen, die wir nicht beeinflussen können. Viele üben bereits, wie es ist, mit wenig Schlaf auszukommen, obwohl sie doch eigentlich hundemüde sind.

Dennoch sind wir meistens überglücklich, denn wir spüren diese unfassbare Liebe in uns. Und natürlich einen heftigen Hormoncocktail. Das Wunder des Lebens ... Du denkst bestimmt darüber nach, wie du als Mutter sein willst. Vielleicht sind dir Worte in den Gedanken herumgeschwirrt wie: ruhig, gelassen, liebevoll, verständnisvoll, ohne die eigenen Bedürfnisse zu vergessen, achtsam ... gut gelaunt, und natürlich willst du auch weiterhin eine verlässliche, kreative, lustige und sexy Partnerin sein. Wir sind uns wohl einig, dass wir unseren Kindern das Paradies auf Erden schaffen und sie so gut wir können aufs Leben vorbereiten wollen.

Vielleicht hast du auch schon darüber nachgedacht, ab welchem Alter dein Kind fremdbetreut werden soll, ob es überhaupt schon in einer Krippe angemeldet werden oder in welchen Kindergarten es gehen soll. Dinge, die du zu diesem Zeitpunkt noch gar nicht wissen kannst, denn du weißt ja noch nicht, wer und wie du als Mutter sein wirst, und auch nicht, wie euer Kind sein wird.

Alles nur bloße Theorie, dennoch müssen wir alle frühzeitig gewisse Dinge entscheiden, bevor wir wissen, ob es das Richtige für uns ist. Glücklicherweise kannst du solche Entscheidungen auch wieder rückgängig machen. Zwar müssen einige Wege vorzeitig eingeschlagen werden, doch du bist immer noch frei, die Richtung zu wechseln.

Flexibilität ist eine der Fähigkeiten, die wir als Mütter innerhalb kürzester Zeit unglaublich gut beherrschen lernen. Für jede Herausforderung gibt es eine Lösung, ich glaube, das ist etwas, das wir alle auch schon in der Schwangerschaft lernen »durften«. Wunderbarerweise geht damit auch ein grundlegendes Vertrauen einher, dass man sich auf neue Dinge wirklich immer einstellen kann und mit Zuversicht in die Zukunft blickt. Die Höhen und Tiefen während dieser neun Monate waren wie eine Art Trainingslager. Ein Trainingslager für das, was tatsächlich auf uns zukommen würde, all die Liebe, die Freude, das Glück, die Unsicherheit, die Sorgen und Ängste, die Meinungen und Ratschläge, die wir annehmen können, die Unterstützung, die Überforderung, die Hoffnung und Zuversicht.

»Für jede Herausforderung gibt es eine Lösung.«

Mama zu werden bedeutet Veränderung und Wachstum. Ein solcher Prozess ist nicht immer leicht, doch am Ende wartet die wohl größte Belohnung auf dich, die man sich nur vorstellen kann.

Ein Brief an mein schwangeres Ich

Hey du,

es fühlt sich seltsam an, einen Brief an dich zu schreiben, denn schließlich ist deine Zukunft meine Vergangenheit; im Grunde genommen sind wir eins. Wie ein Rückblick in ein anderes Leben.

Eines sage ich dir, du hattest ehrlich gesagt keinen blassen Schimmer, was dich erwartet. Ich habe übrigens wirklich all deine Pläne über Bord geworfen. Praxis ist eben doch anders als Theorie. Ich bin nicht zu der Frau geworden, die du werden wolltest. Doch ich glaube, du wirst dieses andere Ich noch mehr mögen. Du hättest uns übrigens viel Zeit ersparen können, wenn du dem Ganzen mehr Vertrauen entgegengebracht hättest, anstatt das Unkontrollierbare managen zu wollen ... Ja, wir haben jede Menge Fehler dabei gemacht. Doch das war erstaunlicherweise überhaupt nicht schlimm.

Ich weiß, dass du dich in deiner ersten Schwangerschaft gerade sehr bemühst, alles gut und am besten perfekt hinzukriegen, dass du dich informierst und vorbereitest. Ich enttäusche dich nur ungern, aber den Perfektionismus haben wir nun abgelegt. Wir lieben unsere Ecken und Kanten und auch die blöden Fehler, die wir machen. Erst dadurch können wir uns verändern. Ein Trick: Du musst nicht alle Fehler selbst machen, lerne auch aus denen von anderen!

Vertraue dir, deinem Innen, und vergiss das Außen. In der zweiten Schwangerschaft machen wir das schon viel besser, versprochen. Dann können wir die Fülle an Meinungen besser filtern und auf unser Gefühl hören. Wir verstehen mit der Zeit, dass Sicherheit nicht das Wichtigste ist. Sondern: Liebe, Vertrauen und Selbstbestimmtheit.

Gehe mutig deinen Weg. Blicke nicht mit allzu viel Sehnsucht nach links und rechts. Bau dir ein Netzwerk aus Herzmenschen auf, die dich verstehen und von denen du lernen kannst. Eine »Mama-Gang«; du wirst feststellen, wie wertvoll das ist! Ihr sitzt alle im selben Boot. Öffne dein Herz, vergiss die unsinnigen Vergleiche.

Ich bin stolz auf dich, denn du wirst so viele Herausforderungen meistern! Der Tag, an dem du dein Kind in Armen hältst, wird dir eine der intensivsten Erfahrungen deines Lebens bescheren. Die Liebe macht dich stark und sie hilft dir dabei, Lösungen für wirklich jedes Problem zu finden. Manches wird schwieriger, aber auch vieles besser. Also gehe deinen Weg. Auch mal rück- oder seitwärts.

Du wirst sehen, es lohnt sich, und wenn du merkst, dass es einer anderen Mama gerade nicht so gut geht, baue eine Brücke und schenk auch ihr dein Lächeln.

Mach es gut – also mach es einfach!

Mütterbilder im Laufe der Zeit

Sicherlich gibt es Erwartungshaltungen von außen – und auch von uns selbst, wie wir als Mutter zu sein haben. Mütter dieser Generation scheinen in einer Art Übergangsfrist gefangen zu sein. Viele wünschen sich mehr Gleichberechtigung in Sachen Care-Arbeit, fühlen sich zwar durchaus unterstützt vom Partner – und gleichzeitig tragen sie meistens doch die Hauptverantwortung für die Kinder. Und ja, dazu gehören auch das Organisieren des Babysitters, der Geburtstagsgeschenke, der Verabredungen mit Freunden am Nachmittag, die Präsenz in Schule, Kita und als Ansprechpartnerin für das, was »einfach nebenbei« noch anfällt …

Diese Vorstellung, dass in erster Linie Frauen sich um den Nachwuchs kümmern, ist noch immer für viele selbstverständlich. Blicken wir zurück in der Frauen-Geschichte, kommt uns gleich das Bild vom Heimchen am Herd in den Sinn. Die herabwertende Bezeichnung für eine laut DUDEN naive Frau, die mit der Rolle als Haus- und Ehefrau zufrieden ist, stammt von einer gleichnamigen Grillenart, die in dunklen und warmen Umgebungen laut zirpt. Charles Dickens verewigte sie in einer seiner Weihnachtsgeschichten: Im 19. Jahrhundert »überwachten« diese Heimchen den offenen Herd, damit er nicht zu heiß wurde.

Während der Zeit des Nationalsozialismus wurde dieses Frauenbild (und auch das der politisch und intellektuell unmündigen Frau) stark propagiert: Frauen durften die Vorgaben der Männer im privaten Bereich ausführen und natürlich für den im nationalsozialistischen Sinne aufgezogenen Nachwuchs sorgen.

Ammenmärchen

Gehen wir doch aber noch weiter zurück, zu den Großfamilien der nicht-adeligen Bevölkerung während der Industrialisierung, im Rahmen derer die Rollenverteilung in einem gewissen Maß das Überleben der Gemeinschaft gewährleistete. Zu dieser Zeit blieben Mütter nicht zu Hause, um sich um Haushalt und Kinder zu kümmern. Das war schlichtweg nicht möglich: Frauen arbeiteten aktiv und durchaus schwer körperlich mit, auch wenn sie geringer entlohnt wurden und schlechter ausgebildet waren. Also alles Ammenmärchen, das mit der Mutter, die zu Hause bleiben soll/muss/darf/kann?

Übrigens kommt auch der Amme eine Bedeutung im Wandel des Mutterbildes zu: Im 18. Jahrhundert galt es im aufkommenden Bürgertum und auch beim Adel schlichtweg als unschicklich, das eigene Kind zu stillen

und somit den Körper der Mutter zu schwächen (für weiteren Nachwuchs). Welch immenser Gegensatz zu den heutigen Zeiten, in denen schon mit der Meldung zum Mutterschutz bei der Krankenkasse das erste Heftchen zur Stillberatung ausgegeben wird.

Stetiger Wandel

Und warum wandeln sich Mütterbilder nun von Zeit zu Zeit? Diese Frage ist schwer zu beantworten. Ich denke, es liegt hauptsächlich an dem allgemeinen Wandel, der sich immer wieder durch eine Gesellschaft zieht.

Die Epochen, in denen Männer mit ihrer Deutungshoheit in Wissenschaft, Politik und Philosophie Frauen kleinhielten, sind nicht von der Hand zu weisen und auch noch gar nicht so lange her, wie man denkt. Wenn man sich darüber klar wird, dass Frauen vor 1977 nicht ohne die Erlaubnis ihres Mannes arbeiten durften, kann man sagen, dass sich

das Frauenbild allein im vergangenen Jahrhundert enorm gewandelt hat. Doch das ist kein Grund, Männer an dieser Stelle für irgendetwas zu verurteilen. Es ist nicht mehr als eine Tatsache unserer Geschichte, genau wie das unsägliche Krankheitsbild der Hysterie, welches als neurologische Störung (einhergehend mit Ich-Bezogenheit und labiler Psyche) hauptsächlich Patientinnen zugewiesen wurde. Die Versuche, dieses Krankheitsbild zu heilen, reichten von Genitalverstümmelungen (Klitorisentfernung) bis hin zur sexuellen Befriedigung durch den Arzt – und das tatsächlich bis ins 19. Jahrhundert. Heute eine schlichtweg absurde Vorstellung, die immerhin die Erfindung des Vibrators mit sich brachte.

Fred Feuersteins Schmuck?

Und wo siehst du dich als Mutter in diesen vielfältigen Weltbildern? Gehen wir noch weiter zurück in der Geschichte ... Selbst das Mutterbild der Frühsteinzeit stimmt nicht zwangsläufig mit dem überein, was wir als selbstverständlich erachteten. Es scheint, als hätte es das klassische Jäger-und-Sammler-Modell nicht in der Art gegeben, wie uns das populärwissenschaftliche Autoren weismachen wollen.

Die deutsch-schweizerische Professorin für Ur- und Frühgeschichte Brigitte Röder wirft diesbezüglich interessante Thesen in den Raum. Röders Erkenntnisse legen die Vermutung nahe, dass unsere Vorstellung von der Steinzeit-»Traumfamilie« (man denke an die Familie Feuerstein) nur eine Illusion ist.

Die ersten Archäologen waren Männer, die ihr Weltverständnis auf die damaligen Begebenheiten und Funde projiziert haben. Fand man Schmuck in einem Grab, ging man automatisch davon aus, dass das Skelett von einer Frau stammen musste. Die Zuweisung eines Geschlechts aufgrund der Beckengröße und -form war nicht immer eindeutig und so schloss man anhand der Grabgaben auf das Geschlecht.

Bei der Nachuntersuchung mittels moderner DNS-Technik eben dieser Funde stellt man heute fest, dass man Geschlechter teilweise falsch zuordnete. Schaut man genauer hin, ist die steinzeitliche Rollenverteilung zwischen den Geschlechtern, ob nun matriarchalisch oder patriarchalisch, nicht hinreichend beweisbar. So wurde so mancher Mann zur Frau und umgekehrt. Basiert unser klassisches Rollenverständnis vom Mann als Ernährer und der Frau als Versorgerin der häuslichen Bedürfnisse also nur auf der »Das war schon immer so«-Lüge?

Mutter: heute und jetzt. Aber wie?

Immer noch bleibt die große Frage: Wer ist eine »gute« Mutter? Betrachten wir es mal von der anderen Seite: Es gibt auch keine durchgängige Definition einer »schlechten« Mutter. Grobe Vernachlässigung und Gefährdung des Kindeswohls mal außen vor gelassen. Eine »gute« Mutter zu sein bedeutet jedoch eben auch nicht, sämtliche persönlichen Bedürfnisse hintanzustellen und sich ausschließlich um das Wohl der anderen zu kümmern. Es kommt einem Akt der Selbstliebe und auch der Nächstenliebe gleich, als Mama gut auf sich selbst aufzupassen. Gleiches Prinzip wie im Flugzeug: Erst sich selbst die Sauerstoffmaske aufziehen, dann den anderen.

Dabei bedeutet Selbstfürsorge für alle Mütter etwas völlig Unterschiedliches, für die eine ist diese Selbstliebe regelmäßig Sport zu treiben und auf eine gesunde Ernährung zu achten, für die andere ist es der Gang in

die Sauna oder zur Kosmetikerin, der Kinoabend mit der Freundin und für wieder andere bedeutet Selbstfürsorge, ihren Hobbys nachzugehen oder sich einfach nur bei allem Zeit zu lassen. Wie auch immer man Selbstliebe und Selbstfürsorge für sich definiert, beides sind wichtige Meilensteine auf dem Weg zu einem selbstbestimmten Leben als Mama.

Wie war deine Mutter?

Wir können erkennen, welche Rolle unsere eigene Mutter in unserer Kindheit eingenommen hat, wir können meist auch noch auf die Erfahrungswerte unserer Oma zurückgreifen, doch dann stoppt die unmittelbare Weitergabe innerhalb der Familie meist. Sorgen diese unbewusst angenommenen Ansprüche also für eine Zerrissenheit, die wir heutigen Mütter spüren? Warum muss die eigene Entscheidung für eine bestimmte Mutterrolle nur so mit Vorurteilen überladen sein?

Wer das klassische Heimchen am Herd wählt, wird heute schnell angefeindet. Stichwort: Tradwives, die in den sozialen Medien als Vorzeige-Hausfrauen die bedingungslose Unterstützung des Mannes feiern. Steckt bei der »selbstbestimmten Wahl« wie bei diesem Trend eine extrem rechte oder schlussendlich frauenschädigende Ideologie dahinter?

Frei zu sein heißt sich entscheiden

Das Schwierigste ist wohl, sich selbst von allen Werten, Vorurteilen, Illusionen und Vorstellungen frei zu machen. Von den eigenen und denjenigen, die von anderen auf uns als werdende Mutter projiziert werden. Und sich im Folgenden ein eigenes Modell zu erschaffen. Dabei taucht für mich auch die Überlegung auf, inwiefern es uns überhaupt zustehen kann, die Lebensentwürfe anderer herabzuwerten.

Ich finde es wichtig, dass wir Mütter uns eine Position suchen und zu unserer Meinung stehen. Denn wir selbst sind es schließlich, die heute das Mutterbild mitprägen können.

Von der Qual der Wahl

Fest steht, dass wir heute viel mehr Möglichkeiten haben, diese aber noch zu selten voll ausschöpfen. Ich denke beispielsweise an die tatsächlich geteilte Elternzeit. Die Welt steht uns aktuell so weit offen wie niemals zuvor. Wir Frauen dürfen unsere Karriere verfolgen, wie wir es wünschen (ohne rechtliche Beschränkungen), wir können selbst entscheiden, wann wir Mutter werden möchten (ohne politischen Druck oder den vom »mächtigeren« Ehemann), wir dürfen unseren Sexualpartner und Kindsvater frei wählen, uns selbst verwirklichen, in der Politik mitsprechen ... Wir sind frei und wir haben Unmengen an Optionen.

Doch genau das wird vielen von uns zum Verhängnis, denn ab und zu schleicht sich ein nagendes Gefühl der Unzulänglichkeit ein. Jetzt fühlen wir uns dazu »verpflichtet«, alles voll auszunutzen. Smarter, vernetzter, perfekt gemanagt: Der Wettbewerb untereinander auf dem Weg zur bestmöglichen zeitgemäßen Mutter wird immer härter. Und teilweise erfahren wir auch noch Ellbogenstöße aus den eigenen Reihen! Wenn wir es nicht schaffen, auch mal abzubiegen.

Instagram-Post mit Folgen

Eine Geschichte aus meinem Alltag soll dir zeigen, wie auch Kommunikation helfen kann, die richtige Abbiegung zu finden.

Für mich ist die Erledigung der Wäsche ein Teil des Haushalts, der mich regelmäßig verzweifeln lässt, da diese Aufgabe nie erledigt ist. Sisyphos lässt grüßen ... Ich erreichte immer wieder den Punkt, an dem die Kleider nicht mehr im Schrank waren, sondern sich im Wäschekorb stapelten. Ja, ich war verzweifelt, doch ich bat nie direkt um Hilfe oder sprach das Thema an.

Stattdessen hörte ich mich sagen: »Das ist mir alles zu viel. Ich weiß nicht, wie ich das schaffen soll. Die Wäscheberge werden einfach nicht kleiner.« Kurz gesagt, ich habe gejammert. Hat das etwas gebracht? Nein, ich bekam höchstens Ratschläge, aber keine Unterstützung, da niemand meinen versteckten Hilfeschrei erkannte.

Eines Tages schrieb ich einen Instagram-Post: »Wenn der Haushalt ein Computerspiel wäre, dann wäre die Wäsche der Endgegner.« Mein Mann las das und er verstand, was ich eigentlich sagen wollte. Einen Tag später ging ich wieder voller Unlust zum Ort des Geschehens und stellte fest, dass mein Mann die komplette Wäsche gemacht und alles aufgeräumt hatte. Seit diesem Tag ist das Wäschethema nicht mehr mein alleiniges, sondern unser gemeinsames. Nach Erklärungen helfen nun sogar die Kinder mit.

Nicht perfekt ist gut!

Was ich dir damit sagen möchte: Wir haben es selbst in der Hand. Wenn wir etwas haben möchten, müssen wir auch danach fragen.

Die perfekte Mutter ist also die perfekte Illusion. Ein Bild, dem wir nicht nachjagen sollten, denn wir können gar nicht allen Vorstellungen gerecht werden. Und darum geht es im Leben auch nicht, denke ich zumindest. Wenn man stattdessen aufhört, andere Lebensmodelle zu bewerten und sich selbst mit ihnen zu vergleichen, entsteht etwas Magisches: ein erfülltes Leben.

30 x eine »moderne« Mutter

In diesem Buch antworten 30 Frauen auf die Frage: »Wie sieht für dich eine moderne Mutter aus?« – also auch eine gute Mutter. Dabei wollte ich herausfinden, welches Mutterbild in den Köpfen der Frauen herumgeistert und ob sie gesellschaftlichen Druck bei ihrer »Mutter-Performance« wahrnehmen. Das Ergebnis war erschreckend, denn viele spüren von außen genau das, was sich auch in ihren Gefühlen wiederfindet: eine Art Anforderung, wie sie zu sein haben, ohne genau zu wissen, wo dieses Bild, dem sie nachjagen, überhaupt herkommt.

Sie fühlen sich zerrissen, denn sie spüren, wie sie nicht all ihren gewünschten oder auferlegten Rollen gerecht werden können. Versuchen wir die perfekte Hausfrau, Mutter, Ehe- und Karrierefrau, Freundin, Tochter, Schwester ... gleichzeitig zu sein, obwohl wir wissen, dass »perfekt« ein nicht erstrebenswerter Zustand ist?

Perfekt bedeutet Stillstand! Und wer darf überhaupt entscheiden, dass etwas nicht mehr verbessert werden kann? Wessen Einschätzung gilt in diesem Fall, die Meinung des Durchschnittsbürgers, die eigene oder einfach die Überzeugung der Mehrheit?

»Alle Mamas sind gleich, selbst wenn wir uns manchmal ziemlich allein fühlen.«

Je nach unserem sozialen Umfeld werden wir mit diversen gesellschaftlichen Konventionen und Meinungen konfrontiert. Die klassischen und sozialen Medien tun ihr Restliches dazu. Diese zuvor ungekannte Flut an Informationen sorgt manchmal schlichtweg für Verwirrung und Überforderung.

Das Ergebnis: nagende Unsicherheit und die schwerste aller Fragen – was will ich eigentlich wirklich, ohne Beeinflussung von außen? Gehen wir nach den acht Wochen Mutterschutz sofort wieder arbeiten, konfrontiert man uns mit Aussagen wie »Willst du wirklich so schnell wieder arbeiten gehen, dein Kind braucht dich doch? Wieso legst du dir eines zu, wenn du es in die Fremdbetreuung gibst?«

Bleiben wir drei Jahre oder länger zu Hause, fragt man uns, ob wir nicht denken, dass ein Kind die Kita und Gleichaltrige braucht, um sich »richtig« zu entwickeln. Egal, was wir tun, anscheinend dürfen wir uns immer dafür rechtfertigen.

Stopp! Wir erinnern uns, wir haben heute so viele Freiheiten wie noch nie zuvor und ja, wir können es tatsächlich so machen wie Pippi Langstrumpf, wir können uns (in einem sehr weiten Rahmen) die Welt so machen, wie sie uns gefällt. Dann ist es auch egal, was andere von uns denken. Wenn wir möchten, können wir beides, Kind und Karriere, anstreben. Es gibt niemanden, der uns in dieser Hinsicht etwas vorschreibt, außer wir selbst.

Es gibt nur ein »will ich« oder »will ich nicht«. Und in diesem Buch möchte ich dir ganz unterschiedliche Mütter vorstellen, die alle eines verbindet: Sie gehen ihren eigenen Weg. Lass dich auf ihre Abenteuer ein, lass dich von ihnen inspirieren, lerne aus ihren Geschichten, aber denk daran: Pick für dich nur die Rosinen heraus!

Eine Bilanz: Mama sein

Wenn nichts mehr ist wie zuvor: Körper, Kontostand, Familienbeziehungen und das Leben

Das Leben schafft Tatsachen: (Mindestens) ein kleines Wesen ist geboren und alle müssen sich erst einmal eingrooven. Das Beste daran: Als Mama wird man Weltmeisterin im Changemanagement und so unglaublich flexibel, wie man es von sich selbst nie gedacht hätte. Doch wo bleibt eigentlich mein vorgeburtliches Ich?

Mama sein

Was ändert sich, wenn man Mutter geworden ist? Der Körper, die Finanzen, die Beziehung zu Partner oder Partnerin oder die Familie an sich, das Urlaubsverhalten ... und meist auch die eigenen Prioritäten. Stimmt es, dass plötzlich nichts mehr so ist, wie es mal war, und dass man keine Zeit für nichts mehr hat? In diesem Kapitel schauen wir genau auf die Bilanz – was ändert sich wirklich?

Keiner ist perfekt, doch jeder Körper ist ein Wunder

Als Schwangere fragst du dich vielleicht schon: Wie sieht ein Mama-Body tatsächlich aus? Mit welchen körperlichen Veränderungen muss man rechnen, wenn man Mama wird? Während sich bei der einen nichts oder nicht sehr viel verändert, steht bei der anderen die ganze Welt oder auch »nur« der Körper Kopf. Das Thema Mama-Body ist sicher ein sensibles, manchmal auch schambehaftetes. Es gibt noch eine Reihe an Tabuthemen in diesem Bereich: Inkontinenz, vernarbte Vaginas, vergrößerte Schamlippen, Brustwarzen mit Falten – das sind solche Dinge, über die man öffentlich noch nicht spricht.

Gesellschaftsfähig sind mittlerweile hängende Brüste, weiche Bäuche und Dehnungsstreifen, wobei die Brüste mit Push-up-BHs hochgeschnallt, die Bäuche mit Fettweghosen kaschiert und die Dehnungsstreifen unter langen Shirts und im Schwimmbad unter Badeanzügen oder Tankinis versteckt werden. Auch wenn es gerade trendig ist, sich verletzlich zu zeigen und auch zu seinen Makeln zu stehen, sind viele in Sachen Körper doch eher mit dem verschämten Verstecken als mit dem plakativen Vorzeigen beschäftigt.

Wer hat kein Problem mit seinen Zonen?

Schon das Wort »Problemzone« wird häufig in nicht ganz passenden Zusammenhängen platziert. Niemand spricht über echte körperliche Probleme als Problemzone – nur so wäre es eigentlich gerechtfertigt. Stattdessen kommt das Wort ausschließlich bei Dingen zum Einsatz, die im Prinzip gar kein (gesundheitliches) Leiden darstellen. Warum werden also körperliche Tatsachen zu Problemen stilisiert, teils von außen, teils von uns selbst, weil wir unsere Eigenwahrnehmung natürlich auch von gesellschaftlichen Vorgaben beeinflussen lassen?

Wir alle haben häufig den Drang, geliebt zu werden und dazuzugehören, wir streben nach Anerkennung, auch wenn es erst mal nur unsere eigene ist. Frauen denken häufiger als Männer, sie müssten einem bestimmten Bild entsprechen, und sind dann verunsichert, wenn sie merken, dass alles anders läuft als geplant. Warum betrachten wir unseren Körper auf so kritische Art und Weise? Hat er es nicht verdient, als ein absolut krasses Wunder behandelt zu werden?

Wir Frauen können schließlich Zellen von zwei unterschiedlichen Lebewesen »zusammenbauen« und dabei ernähren! Während der Schwangerschaft erhöht sich unser Blutvolumen um etwa 1,5 Liter, die Muskelmasse der Gebärmutter nimmt um das 30-Fache zu und sogar unsere Gehirnstruktur verändert sich. Während der Geburt werden wir dann tatsächlich zu Elastigirl und pressen dieses Wunder an Kind aus einer Körperöffnung, die schon rein optisch definitiv zu klein für etwas so Großes wie ein ganzes Baby ist. Trotzdem funktioniert es … wenige Wochen später sind viele dieser »Erweiterungen« wieder zurückgebildet.

Physische Veränderungen in der Schwangerschaft

- 1,5 l mehr Blut im Körper
- 30-fache Muskelmasse (Gebärmutter)
- Veränderte Gehirnstruktur, man vermutet eine Neuordnung der Synapsen ähnlich wie während der Pubertät
- mehr Östrogene als in der gesamten Lebensproduktion

Doch sind wir tatsächlich rein körperlich irgendwann noch mal »die Alte« oder eher für immer »eine Neue/Andere«? Haben sich durch die Geburt unseres Kindes unsere Sichtweise und das Gefühl für unseren eigenen Körper für immer verändert? Wie viele Frauen, ob Mütter oder nicht, blicken in den Spiegel und sagen: »Hey, du siehst unglaublich gut aus, ich liebe dich, ich bin stolz auf dich?« Zu wenige. Achtsamkeit ist ein wichtiges Thema, welches zum Glück in vielen verschiedenen Bereichen unseres Lebens immer mehr Einzug erhält, sogar in der Arbeitswelt. Doch fällt es wohl jedem von uns erst einmal schwer, einfach mal einen Gang runterzuschalten und sich so anzunehmen, wie man ist.

Abgründe: Deep Talk

Ich bin mir sicher, würden wir offen, wert- sowie urteilsfrei über hängende Brüste, zu große Schamlippen, trockene und ausgeleierte Vaginas und Blasenschwäche sprechen, würde es weniger psychische Komplexe auf dieser Welt geben. Doch für unsere Gesellschaft ist das zu viel Deep Talk.

Wer sich traut, in den Abgrund zu schauen, und jemandem gesteht: »Stell dir mal vor, nachdem sich meine Brüste durch zwei Stillzeiten von Körbchengröße B auf DD und dann auf A verändert haben, sieht es manchmal so aus, als ob meine Nippel Falten hätten«, der wird gleich mit einem gewissen Stempel versehen. So etwas sieht man höchstens im Trash-TV, wenn Frauen zum Schönheitschirurgen gehen und die Problemzone (!) behoben wird. Traurig, oder?

In den Unmengen von Schwangerschaftsratgebern lesen wir, welche körperlichen Veränderungen Frauen eventuell während der Schwangerschaft durchmachen: Wenn es blöd läuft, kriegen wir Hämorrhoiden, Haarausfall, schlechte Haut, Karies, Schwangerschaftsstreifen und Cellulite, und wenn es gut läuft, sind wir mit toller Haut, prallen Brüste, vollem und glänzendem Haar und sowieso dem Schwangerschafts-Glow gesegnet. Wir werden vielleicht auch noch darauf vorbereitet, wie sich unser Körper nach der Geburt zurückbildet, rein objektiv und wissenschaftlich betrachtet.

Sich selbst neu entdecken

Doch wir können nirgendwo nachlesen, wie es sich anfühlt, wenn wir mit diesem großen, weichen und »plötzlich« leeren Bauch dastehen, einerseits vor Babyglück übersprudelnd. Andererseits fragen wir uns verzweifelt, ob dieser Bauch jemals wieder zurückgehen kann, und wenn ja, wie viele Pilateskurse uns das kosten wird. Wir können nicht nachlesen, wie es sich anfühlt, wenn wir uns nach einer vaginalen Geburt tatsächlich in die Hose pinkeln oder später irgendwann feststellen, dass trotz Rückbildungskursen weder Trampolin noch Springseil oder Husten unsere besten Freunde sind. Wie wir uns fühlen, wenn unsere Vulva plötzlich nicht mehr in die sexy Unterwäsche von früher passt und wenn die Körbchen vom BH nach dem Abstillen in unserer Wahrnehmung drei Meter abstehen.

Nein, darauf werden wir meist noch nicht einmal von der besten Mama-Freundin vorbereitet, denn da steht uns die Scham im Weg. Vielleicht fällt es auch unter den Punkt

»Das geht niemanden etwas an« oder »Das ist nicht so wichtig im Angesicht der Entstehung des neuen Lebens«. Dennoch ist Schweigen für mich an dieser Stelle keine Option. Mich persönlich verwirrt der Widerspruch zwischen den immer lauter werdenden Rufen nach mehr Selbstliebe und Body-Positivity und dem gleichzeitig gekonnten Verstecken unserer vermeintlichen Makel. Warum können wir nicht einfach offen darüber sprechen, ohne dass wir gleich wieder andere bewerten? Wie wir zu unserem Mama-Body stehen und auch andere das Thema sehen, darf gern noch ein bisschen ehrlicher werden.

Inwieweit man über diese Themen offen mit anderen spricht, muss schlussendlich jede für sich selbst entscheiden. Gewisse physische Voraussetzungen lassen sich nicht verallgemeinern, denn jede Frau hat einen anderen Körper, denkt in unterschiedlicher Weise darüber und geht auch unterschiedlich offen damit um.

Nach meiner Erfahrung ist es wichtig, dass jede Mama wieder ihren Weg zu sich findet, im Außen und Innen, trotz der mehr oder minder großen Andersartigkeit des eigenen Körpers nach der Geburt.

Hat unser Körper es nicht verdient, als ein absolut krasses Wunder behandelt zu werden?

Wie verändert sich nun der weibliche Körper, wenn du Mama wirst?

NICOLE

Ich dachte erst: Mein Körper ist völlig hin. Ich habe in beiden Schwangerschaften 23 Kilogramm zugenommen! Aber ich muss sagen: Ich habe mich auch vorher nie richtig wohl in meinem Körper gefühlt. Fand mich immer zu dick, meine Beine zu schwabbelig, habe immer schon »schwanger« ausgesehen, lange bevor ich das erste Mal schwanger war …

Ich wollte sogar meinen Bauch nach den Kids endlich straffen lassen. Aber als mir damals die Schönheitschirurgin sagte, dass ich das beste Ergebnis haben würde, wenn ich vorher in Form käme, habe ich mit Sport angefangen und meine Ernährung umgestellt.

Und siehe da: Heute fühle ich mich pudelwohl und bin so bei mir selbst angekommen und stolz! Ohne OP. Und meine Streifen am Bauch sind mir völlig egal! Auch meine Brüste, die ich liebevoll »leere Tüten« nenne, gehören einfach zu mir! Mein Körper hat Unglaubliches geleistet, ich bin endlich selbstsicher und fühle mich vollständig als Frau. Verrückt, oder? Das habe ich mir mit 25 gewünscht! Erreicht habe ich es erst nach zwei Geburten.

Regelmäßiger Sport wirkt Wunder! Und Kinder bekommen auch …

HEIDI

Bei mir fingen bei allen drei Schwangerschaften die Veränderungen bereits ab der fünften Schwangerschaftswoche an: Ich ertrug sieben Monate lang extreme Übelkeit, dadurch etwa zehn Kilogramm Gewichtsabnahme. Aber drei Kaiserschnitt-OPs und zahlreiche Komplikationen mit weiteren Eingriffen später ist mein Blick auf meinen Körper ein anderer. Kleinigkeiten stören mich nicht mehr.

Mein Fazit: Ich habe überlebt und meine täglichen Kämpfe ums Überleben haben deutliche Spuren auf meinem Körper und meiner Seele hinterlassen. Statt »nur« drei Geburten per Sectio habe ich zwölf OPs gesammelt. Ich habe viele Schmerzen ausgehalten und unter extremen körperlichen und psychischen Belastungen gestillt.

Zum 40. Geburtstag habe ich mir endlich (nach 17 Jahren Wartezeit) meine Brustwarzen piercen lassen. Das hat noch nicht mal wehgetan – ich war ja gut abgehärtet. Der Piercer fragte: Du hast aber auch lange gestillt, oder? Ja! So schließt sich der Kreis.

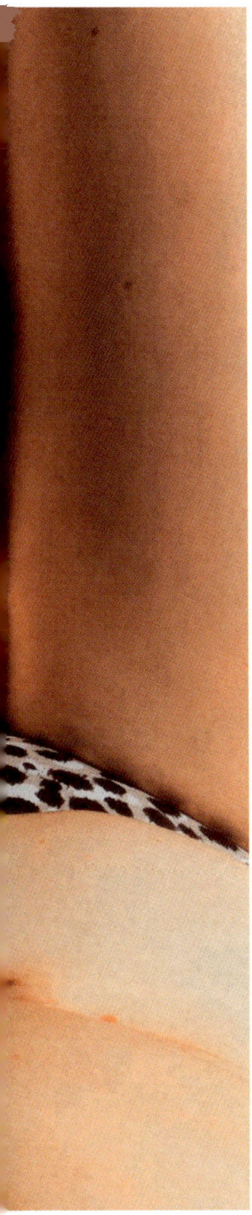

CHRISTINA

Mein Bauch ist speckiger und weicher als zuvor und meine Nippel sind größer. Ich hatte schon vor der Schwangerschaft keine Brüste und danach auch nicht, deshalb habe ich mir meine Brüste nach der Geburt vergrößern lassen. Ich wollte mich wieder wohler in meinem Körper fühlen.
Durch eine schnelle Zangengeburt habe ich Muskelverletzungen im Beckenboden erlitten, deren Spätfolge jetzt eine leichte Blasenschwäche ist. Der Dammschnitt und das anschließende Nähen sorgten dafür, dass ich untenrum nicht mehr ganz so schön aussehe wie vorher, wie ich finde.

NATALIE

Ich kann zu dem Thema gar nicht so viel sagen, denn mein Körper sieht aus wie vorher.

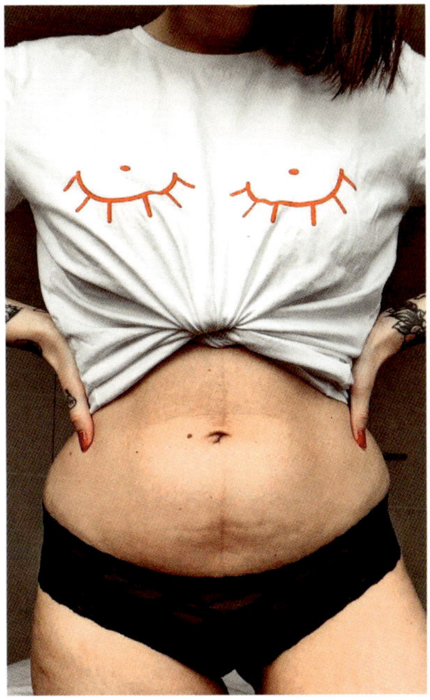

ANNA

Ich habe immer gesagt (halb im Scherz und doch ernst): »Das Taschengeld der Kinder geht für meine Brust-OP drauf.« Jetzt, nach zwei Schwangerschaften und insgesamt drei Jahren Stillen, stören mich diese asymmetrischen Minireste meiner Brüste überhaupt nicht. Als tatsächlich unangenehm empfinde ich (noch) die neue Größe meiner Schamlippen. Mehr aus praktischen, aber auch aus ästhetischen Gründen. Trockenheit, das Tragen von sexy Unterwäsche ... alles neue Problemfelder.
Trotzdem empfinde ich viel stärker das Bedürfnis, meinen Kindern auch ein Vorbild in Akzeptanz und Selbstliebe zu sein, als irgendwelchen Idealen nachzutrauern.
Ist es nicht verrückt, wie Kinder uns Mütter lehren, uns selbst anzunehmen, nachdem sie uns körperlich »ruiniert» haben?

Mama und finanziell unabhängig sein, geht das?

Auch wenn die eigenen Finanzen nicht unbedingt der erste Gedanke im Kopf einer werdenden Mama sind, bleiben sie ein sehr wichtiges Thema. Optimalerweise macht ihr euch gemeinsam schon vor der Schwangerschaft Gedanken darüber, damit ihr auch mit Kind finanziell unabhängig bleiben könnt und nicht ein Leben lang in der Teilzeitfalle landet.

Während laut eines Mikrozensus (2016) 94 Prozent der frisch gebackenen Väter weiter in Vollzeit arbeiten, sind es bei den Frauen lediglich etwa 34 Prozent, während 66 Prozent in Teilzeitbeschäftigungen arbeiten. Und das geht durchaus so weiter, bei etwa 40 Prozent der erwerbstätigen Mütter dann so lange, bis die Kinder volljährig sind. In dieser nicht gerade kurzen Zeitspanne sind natürlich sehr viel weniger Rentenbeiträge angesammelt worden.

Die Folgen davon sind finanzielle Abhängigkeit und schlechtere Altersvorsorge. Denn Care-Arbeit ist zwar einer der härtesten Jobs, aber dennoch unentgeltlich. Und Frauen in Führungspositionen sind immer noch die Ausnahme. Die finanzielle Abhängigkeit oder auch nur eine schlechtere Stellung von Müttern ist aufgrund der oft noch ungleichen Bezahlung von Männern und Frauen in vielen Fällen sowieso schon gegeben und wird während der Elternzeit noch zusätzlich verstärkt. Das Elterngeld mit 67 Prozent des bisherigen Einkommens ist eine Einbuße, zumal auch weitere Anschaffungen in der Zukunft anstehen.

Mixed Leadership Barometer

- Schwierigkeiten beim Vergleich, weil weibliche Führungskräfte in kleineren Unternehmen häufiger vertreten sind als in großen
- In deutschen börsennotierten Unternehmen sind 9,2 Prozent Frauen im Top-Management.
- 2014 waren es noch 5,6 Prozent. Höchster Anteil mit etwa einem Drittel: operative Funktionen, also kaum (5 Prozent) weibliche CEOs

Jessica Knackstedt

Virtual Assistant, Coach & Bankangestellte

36 Jahre / Zwillinge / verheiratet / selbstständig & angestellt

Mütter sind unglaublich kreativ, flexibel und anpassungsfähig. Das beste Beispiel hierfür ist Jessica. Sie ist Mama von mittlerweile dreijährigen Zwillingen. Die waren für sie ein großes unerwartetes Glück, auf das sie lange warten musste.

Aus diesem Grund war für Jessica klar, dass sie erst nach den sechs Jahren Zwillingselternzeit wieder in den Job einsteigt. Damit sie sich in dieser Zeit nicht in die völlige finanzielle Abhängigkeit ihres Mannes begibt, hat Jessica den Schritt in die Selbstständigkeit gewagt.

Nach dem ersten Jahr Elternzeit machte sie sich als virtuelle Assistentin und Karrierecoach selbstständig. Sie rief einen Onlinekurs ins Leben, durchlief eine Coaching-Ausbildung und unterstützt heute andere Mütter dabei, die ersten Schritte in ihrem jeweiligen Onlinebusiness zu machen.

Lasst uns ihre Geschichte hören und erfahren, wie man auch in der Elternzeit finanziell auf eigenen Beinen stehen kann.

VAUDE

Liebe Jessica, wie hast du es geschafft, dir deine Selbstständigkeit aufzubauen, während du mit einjährigen Zwillingen zu Hause warst und keine anderweitige Unterstützung bei der Betreuung hattest?
Ich habe nach einer Möglichkeit gesucht, wie ich sechs Jahre in Elternzeit bleiben kann. Die Selbstständigkeit als virtuelle Assistenz war einfach eine Möglichkeit für mich, wie ich mein Vorhaben verwirklichen konnte. Zusätzlich hilft, dass ich eine Nachteule bin, also hauptsächlich nachts arbeite und meine Arbeitszeit auf zehn Stunden pro Woche begrenzt habe. Das ist meine optimale Arbeitszeit, die ich auch ohne Kinderbetreuung einhalten kann. Egal, was dazwischenkommt.

»Die virtuelle Assistenz gibt mir die Möglichkeit, in ganz viele Bereiche einzutauchen.«

Wie muss ich mir den Job als virtuelle Assistentin vorstellen?
Im Prinzip übernehme ich Backoffice-Aufgaben oder Randthemen von Selbstständigen, die sie von ihrem Kerngeschäft abhalten. Angefangen habe ich klassisch, mit vorbereitender Buchhaltung. Dann habe ich Serienbriefe geschrieben, den Launch eines Onlinekurses begleitet und auch die Moderationen von diversen Facebook-Gruppen übernommen. Mittlerweile bin ich auf E-Mail-Marketing mit Ontraport (Marketing-Dienstleister) umgestiegen.

Was passiert nach den sechs Jahren Elternzeit? Gehst du dann zurück in deinen alten Job als Bankkauffrau oder bleibst du weiterhin selbstständig?
Mein Job ist großartig, ich habe ihn geliebt. Ich habe Baufinanzierungsberatungen gemacht. Das ist ein sehr dankbarer Job, denn die Kunden kamen mit dem Wunsch in die Bank, ein Eigenheim zu erwerben, und ich konnte ihn diesen erfüllen. Ich würde gerne noch mal zurück in meinen alten Job, allerdings wird die Schwierigkeit darin bestehen, das mit der Familie zu vereinbaren. Ich habe damals häufig abends gearbeitet, da die meisten erst nach ihrem Feierabend zu solchen Gesprächen kommen können. Das kann ich als Mutter nicht leisten. Da müssen wir schauen, welche Lösung wir finden, um Beruf und Familie zu vereinbaren.

Meine Selbstständigkeit möchte ich jedoch weiter beibehalten. Die virtuelle Assistenz gibt mir die Möglichkeit, in ganz viele Bereiche einzutauchen. Diese neue Vielfältigkeit meines Arbeitsalltags würde mir fehlen.

Toben, spielen, lesen: Eine ausgedehnte Mama-Zeit finden alle drei gut.

Das Beispiel von Jessica zeigt, dass es auch in Sachen Finanzen und Elternzeit sowie Teilzeit, Vollzeit oder Selbstständigkeit genauso wie im Angestelltenverhältnis nicht nur Schwarz und Weiß gibt, sondern dass es sich lohnt, auch mal in andere Richtungen zu denken. Eine kleine Übersicht nützlicher Anbieter und Websites findest du ab Seite 234.

Ein Onlinebusiness schafft Flexibilität. Jessica arbeitet am liebsten abends, wenn die Kinder schlafen.

Plötzlich Eltern

Mit dem Tag der Geburt des eigenen Kindes verändert sich im Grunde genommen alles. Auch das Verhältnis zu Partner oder Partnerin scheint keine Paarbeziehung mehr zu sein, sondern sich unverhofft zu einer Dreiergeschichte auszudehnen. Und plötzlich geht es nicht mehr darum, was die Eltern wollen …

In der ersten Zeit heißt es bei den meisten frischgebackenen Eltern: Bedürfnisse des Babys erfüllen. Also füttern, wickeln, kuscheln in einer Dauerschleife. Es ist ein bisschen wie in der Hollywoodkomödie *Und täglich grüßt das Murmeltier.* Ich weiß nicht, wie es dir ging, ich jedenfalls hatte zumindest in den ersten Wochen jegliches Gefühl für Zeit und Raum verloren. Warst du auch so in deiner eigenen Blase gefangen wie ich und wusstest plötzlich überhaupt nicht mehr, wie du deine Tage gefüllt hast, bevor dieses kleine Wunder da war?

Das eigene Baby anzuhimmeln ist wohl die Lieblingsbeschäftigung vieler Eltern, zumindest in den ersten Tagen. Irgendwann kommt Tag X und eine vage Erinnerung kommt zurück, dass es noch mehr im Leben gibt. Du erkennst wieder, dass die Welt größer als dein eigenes Zuhause ist und auch aus mehr besteht, als nur die Bedürfnisse deines Kindes zu erfüllen. Du erinnerst dich wieder daran, dass du nicht nur Mutter, sondern auch noch Frau und Partnerin bist.

Auf einmal registrierst du, dass manchmal ein ganzer Tag vergangen ist, an dem du mit Partner oder Partnerin zusammen warst – und irgendwie doch nicht. Den ersten Kuss gab es dann erst am Nachmittag, nicht aus bösem Willen, es ist schlichtweg keinem aufgefallen. Die ersten Wochen mit Baby dienen vor allem der Umstrukturierung und Neuorientierung. Alte Paarstrukturen müssen losgelassen werden und neue Familienstrukturen dürfen gefunden werden.

Im Rahmen der ganzen Umstrukturierung fällt es dir wieder ein: Da gab es doch noch etwas?! Was vorher der ganz normale Alltag in der Partnerschaft war, bekommt plötzlich einen fancy Namen und findet maximal einmal in der Woche statt:

Die Date Night

Ein Abend voller Erwartungen. Die Stunden ohne Kind wollen schließlich genutzt werden. Zarte Annäherungen zwischen zwei Menschen, die sich durch das gemeinsam erlebte Wunder und all die Herausforderungen, die dies mit sich gebracht hat, verändert haben.

Auch wenn das Kind rein physisch nicht bei der Date Night dabei ist, ist es dennoch präsent. Bestimmt habt ihr euch auch schon einmal dabei erwischt, dass ihr doch über irgendwelche organisatorischen Dinge oder über das Kind gesprochen habt, obwohl ihr euch doch vorgenommen habt, genau das nicht zu tun. Es ist schließlich Date Night! Doch was ist die Alternative? Betretenes Schweigen?

Plötzlich wird dir vielleicht bewusst, dass sich vieles verändert, obwohl du dir doch hoch und heilig versprochen hattest, eine Ausnahme zu werden. Wo ist die Leidenschaft abgeblieben? Die romantische Zeit zu zweit? Hat man sich mit dem Elternwerden auch eine neue Paarbeziehung angelacht, die man sich erst neu erarbeiten muss?

Dauerhafte Paarbeziehungen ändern sich mit dem Elternwerden genauso wie mit dem Älterwerden, doch nicht zwangsweise so, wie ich das eben stark überzogen dargestellt habe. Elternsein bedeutet nicht, dass man keine leidenschaftliche und erfüllende Partnerschaft mehr haben kann. Es wird einfach anders, wobei anders nicht zwangsläufig schlechter heißt, vielleicht wird die Beziehung sogar besser.

Zugegeben, die Spontaneität bleibt auf der Strecke und auch beim Thema Paarzeit ist Organisationstalent gefragt. Doch mit ein bisschen Flexibilität, Mut und Offenheit können Eltern ein völlig neues Level einer Paarbeziehung erreichen. Und auch wer das Gefühl hat, statt Traumpaar eher zum Superteam zu werden, sollte nicht gleich verzweifeln.

Die gute Nachricht: Es bleibt schlichtweg keine Zeit mehr, um den heißen Brei herumzureden. Man lernt, Bedürfnisse dem Partner oder der Partnerin besser mitzuteilen, und auch der Sex kann sehr effektiv werden. Was früher 45 Minuten dauern durfte, kann und muss auf einmal in nur 5–10 Minuten vonstatten gehen, und das ist auf keinen Fall negativ zu sehen! Doch was muss man dafür tun, damit man nicht nur Eltern, sondern auch noch ein (Liebes-)Paar bleibt?

Checkliste Paarzeit

So findet ihr wieder mehr zueinander

1. Was habt ihr in eurem »anderen« Leben, vor den Kindern, gern gemeinsam unternommen? Versucht, das wieder in Angriff zu nehmen. Vielleicht wird daraus ja ein Spaß für die ganze Familie.

2. Sprecht wieder mehr über nicht kinderrelevante Themen miteinander.

3. Habt Spaß miteinander, auch gerne Sex ☺!

4. Geht ohne Kinder aus. Egal, ob in die Sauna, ins Kino, essen oder einfach nur spazieren. Gestaltet eure gemeinsame Zeit aktiv und kreiert neue »Weißt du noch…«-Momente.

5. Gemeinsame Freunde treffen oder ladet sie zu euch ein. Dann braucht ihr auch keinen Babysitter.

6. Startet ein neues Projekt, und zwar gemeinsam: Garten umbauen, Wohnung umgestalten, eine neue Sprache lernen, neue Sportarten ausprobieren …

7. Egal, was ihr ausprobiert, tut es entspannt. Euer Mantra: Alles kann, nichts muss …

Erwartungen ziehen lassen

Die Zufriedenheit in einer Beziehung hängt stark mit unserer eigenen Erwartungshaltung zusammen. Doch eine Beziehung ist flexibel und unterliegt, wie das Leben selbst, dem Wandel der Zeit. Du solltest nicht den Fehler machen, zu erwarten, dass der Blick durch die rosarote Brille dauerhaft bleibt.

Liebe ist etwas anderes, als verliebt zu sein. Vielleicht stellst du irgendwann sogar erstaunt fest, dass du deine:n Partner:in nicht trotz etwas, sondern wegen der Dinge, die ihn oder sie so einzigartig machen, liebst (auch wenn manche unglaublich nervig sind). Doch wenn du erwartest, dass alles immer so bleibt, wie es einmal war, verpasst du den ganzen Spaß.

Ich denke, also sage ich's auch!

Niemand kann von seinem Partner oder seiner Partnerin erwarten, dass er oder sie Gedanken lesen kann. Manch ein Konflikt würde aber gar nicht erst entstehen, wenn wir offen und direkt kommunizieren, was wir denken und wollen. Das allerdings setzt voraus, dass wir Klarheit darüber haben, was wir eigentlich wollen, und das ist zugegebenermaßen manchmal gar nicht so leicht.

Kennst du das auch: Du fragst die Runde »Was soll ich kochen?« und meinst eigentlich: »Ich habe so großen Hunger, wenn ich nicht gleich was esse, sterbe ich.« Oder »Nicht weit von uns hat ein neues Wellnesshotel eröffnet«. Das bedeutet eigentlich: »Lass uns doch mal wieder einen Tag ohne die Kinder verbringen, ich wünsche mir mehr Zeit mit dir allein.« Wenn wir an dieser Stelle nicht auf die übersinnlichen Fähigkeiten unseres Partners oder unserer Partnerin vertrauen, sondern wirklich das sagen würden, was wir denken, eröffnet das ganz neue Möglichkeiten der Kommunikation.

Auch wenn die Kinder, die Arbeit, der Haushalt, die Hobbys, Freund:innen und Familienangelegenheiten wirklich wichtig sind, sollte man nicht vergessen, auch die Paarbeziehung auf die Prioritätenliste zu setzen. Denn sonst stellst du vielleicht eines Tages erschrocken fest, dass ihr euch auseinandergelebt und euch nichts mehr zu sagen habt.

Beziehungen brauchen Pflege, nur so können sie auch mal unbeschadet eine Dürreperiode aushalten. Meine persönliche Top 3 auf meiner Prioritätenliste besteht defini-

tiv aus: mir, meinen Kindern und meinem Mann. Erst danach kommen die restlichen Dinge in meinem Leben. Und da kann es schon mal sein, dass ich lieber mit dem Mann auf der Couch kuschle, anstatt die Küche aufzuräumen. Freund:innen treffe ich, wenn es geht, auch mal viele auf einmal, damit wir an einem anderen Tag einen freien Abend für uns haben.

Auszeiten zu zweit einplanen

Vielleicht sind es am Anfang nur ein paar Stunden, später vielleicht mal eine Nacht, ein Wochenende, eine Woche. Die Art und Dauer der gemeinsamen Auszeit kann man nicht verallgemeinern, dafür sind Eltern und ihre Bedürfnisse, Werte, finanziellen Situationen und Familienkonstellationen zu unterschiedlich. Klar ist allerdings, dass gemeinsame Erlebnisse und Auszeiten ohne Kinder Balsam für eine Paarbeziehung sind.

Diese gemeinsamen Stunden tragen deine:n Partner:in und dich durch die grausigen Phasen, in denen wirklich alles anstrengend ist und ihr euch vielleicht nur zwischen Tür und Angel seht, um zu besprechen, wer welches Kind wann am nächsten Tag mit welcher Ausstattung wohin bringt und abholt.

Me-Time

Sich gegenseitig den Rücken freizuhalten bedeutet nicht nur, sich gemeinsam um den Alltag zu kümmern. Auch Freiräume für den anderen sind ganz wichtig, sie zu ermöglichen erzeugt gegenseitige Achtung und Respekt. Vielleicht klingt es verrückt, Me-Time einzuplanen, wo du dir vielleicht eigentlich We-Time wünschst. Doch die We-Time macht so viel mehr Spaß, wenn jeder auch Me-Time hat.

Ändert sich die Definition von Familie, wenn man Mama wird?

Eben noch Tochter, Enkelin, Schwester, Nichte, Cousine ... und schwupps, mit der Geburt eines Kindes kommt auch die unantastbare Rolle einer MAMA daher. Irgendwie ist es ein seltsames Upgrade in der Familienhierarchie. Plötzlich wandelte sich die eher untergeordnete Rolle »weibliches Familienmitglied von vielen« in die der einzigartigen einer Mama. Man ist nicht mehr die, die von unten aufschaut, sondern die, zu der aufgeschaut wird.

Besonders für ein Minimenschlein ist man mit einem Schlag das Oberhaupt der Familie und steht an der Spitze der Hierarchie. Als Eltern tragen wir von jetzt auf gleich ein viel höheres Maß an Verantwortung als je zuvor. Wir sind plötzlich ganz konkret für das Leben eines anderen Menschen verantwortlich und genau diese Tatsache bringt auch Veränderung innerhalb der Familie mit sich.

Wir können unsere Kinder gar nicht allein erziehen.

Auch Eltern haben Bedürfnisse

Und nicht nur, dass wir einen neuen Rollentitel dazugewonnen haben, unsere Sicht auf unsere eigenen Eltern wird eine andere. Wir bekommen ein viel besseres Verständnis dafür, was sie leisteten, um uns großzuziehen. Zumindest war es bei mir so. Ich konnte als Kind beispielsweise nie verstehen, warum meine Eltern mal keine Lust auf Kuschelzeit oder meine Lieblingsspiele hatten, als erwachsene Frau und Mutter kann ich das sehr wohl nachvollziehen.

Dieser Prozess, der vielleicht bei der einen oder anderen von euch mit leichter Unsicherheit und Unbeholfenheit angefangen hat, schlägt bei den meisten innerhalb kürzester Zeit in einen sicheren und eigenen

Führungsstil um. Ab diesem Tag ist die Familienhierarchie eine andere. Wenn du nun von Familie sprichst, meinst du auf einmal nicht all deine Geschwister, die Eltern, Cousins und Cousinen, Tanten und Onkel, sondern nur noch deine eigene kleine Familie. Die eigenen Eltern nennst du plötzlich immer öfter nur noch Oma und Opa statt Mama und Papa. Deine Geschwister werden zu Tante und Onkel.

Nun gibt es diesen neuen Minikosmos im Familienuniversum. Nicht, dass die anderen Familienmitglieder mit dem Tag der Geburt nicht mehr wichtig wären, ganz im Gegenteil, sie bilden das Auffangnetz. Sie sind unser Fels in der Brandung, unsere Ratgeber:innen. Das Einzige, was sich geändert hat, ist das Rollenverhältnis. Wir sind immer noch Tochter, Schwester, Enkelin ..., doch in allererster Linie sind wir Mama.

Ein Dorf als Familiennetzwerk

Das afrikanische Sprichwort »Um ein Kind großzuziehen, benötigt man ein ganzes Dorf« trägt eine unglaubliche Wahrheit in sich. Als Mama versuchen wir unserem Nachwuchs das bestmögliche Vorbild zu sein, alles für sein Glück und seine Gesundheit zu tun. Die Erkenntnis aus dem Sprichwort ist jedoch: Das reicht nicht, wir können als Eltern allein dem gar nicht gerecht werden. Denn unsere

Kinder brauchen mehr Eindrücke, Vorbilder und Lebensentwürfe als unsere eigenen.

Die weitergehende Familie kann einen Teil dieses Dorfes abbilden. »Familie« muss aber nicht unbedingt die Blutsverwandtschaft sein! Bei einigen leben die Eltern und Geschwister vielleicht einfach zu weit entfernt für eine enge Beziehung zu den Kindern. Oder es lodern im Familienkreis noch Konflikte unterhalb der Oberfläche.

Ein Netzwerk, egal welcher Art, ist jedoch ein Teil unseres sozialen Lebens, das wir ganz von selbst auch unseren Kindern vorleben. Als Mama muss man manchmal Dinge direkter angehen und kann nicht darauf warten, dass sie vom Himmel fallen: Mehr zum ganz bewussten Aufbau eines Mama-Netzwerkes gibt es übrigens in Kapitel 3, ab Seite 65.

So schließt sich auch wieder der Kreis. Zwar dreht sich nach der Geburt des ersten Kindes bei einer Mama nun nicht mehr nur das Gedanken-, sondern auch das Alltagskarussell. Wir alle haben wohl durchaus mit unserer neuen Rolle zu kämpfen oder müssen uns zumindest neu in sie einfühlen. Doch ist es nicht auch eine Erleichterung zu erkennen, dass wir immer ein Teil der Familie, unserer sozialen Kontakte bleiben? Und das Leben bleibt nie im Stillstand. Sehen wir doch den Rollenwechsel zur Mama einfach mal als »Fortbildung« des Ichs.

»Du machst ja nur noch Mütterkrams«

So einen Satz hat sicher die eine oder andere von euch nach der Geburt des ersten Kindes von Freund:innen oder Bekannten zu hören bekommen. Vielleicht war es auch weni-

ger deutlich formuliert – und trotzdem was Wahres dran? Dreht sich mit der Geburt des ersten Kindes in unserem »Universum« auf einmal alles wirklich nur noch um das Baby oder später das Kind?

Wenn wir Mama werden, ändert sich unsere komplette Organisation, denn hey, wir versuchen ständig, das Unkalkulierbare berechenbar zu machen. Plötzlich haben wir nicht nur unsere Handtasche dabei, wenn wir das Haus verlassen, nein, wir tragen Gepäck mit uns, als würden wir das Land verlassen! Mit voranschreitendem Alter des Kindes nimmt das glücklicherweise wieder ab, dafür steigt dann der Organisationsaufwand für Hobbys, Freund:innen treffen, Geburtstagsgeschenke ...

Wir sind plötzlich der CEO des Familienunternehmens. Wir schaffen die Grundstruktur, damit alles andere wie gewohnt laufen kann. Die Glücklichen unter uns haben Menschen an ihrer Seite, die sie bei dieser Aufgabe unterstützen, denn die Alltagsorganisation mit Kind kann ganz schön erschlagend wirken, wenn man sie ganz allein bewältigen muss.

Das Ding mit der Zeit

Das Mysterium Zeit: Mal vergeht sie zu schnell, mal zu langsam und irgendwie scheint es meist zu wenig von ihr zu geben. Wenn wir im Urlaub sind, vergeht die Zeit häufig viel zu schnell, während sie sich im Wartezimmer beim Kinderarzt scheinbar kaugummiartig ausdehnt. Dann gibt es immer wieder Tage, an denen wir das Gefühl haben, niemals fertig zu werden mit den anstehenden Erledigungen, weil uns die Zeit davonrennt.

Kommt diese Wahrnehmung durch unser Zeitmanagement zustande, unsere Effizienz oder generell durch unseren Lebensstil? Oder vielleicht liegt es doch an unserem Mindset? Was denkst du darüber? Hast du dich mal gefragt, warum wir Menschen dazu neigen, immer wieder gedanklich bei Zukünftigem oder in der Vergangenheit festzukleben, obwohl es für uns doch immer nur das Jetzt geben wird?

Schon in der Antike beschäftigten sich Philosophen mit dem Phänomen der Zeit. Für Heraklit war sie mit dem Sinnbild eines Flusses erklärbar, für Aristoteles zeigt sich die Zeit durch Veränderungen. Immanuel Kant warf das Wahrnehmungskonzept in den Raum: Zeit ist ein Teil unseres menschlichen Lebens, aber auch nur im Sinne unserer subjektiven Wahrnehmung.

Zeit gibt es ... genug

Wenn man die Zeit also in diesem Sinne betrachtet, gibt es sie überhaupt nicht. Wenn man diesen Thesen über die Zeit Glauben schenken mag, ist auch klar, dass man sie nicht besitzen kann. Denn es ist unmöglich, zu wenig von etwas zu haben, das überhaupt nicht existiert. Zeit und deren Fehlen ist somit eine Sache, die nur in unserem Kopf existiert.

Um die Zeit bewusst wahrzunehmen, müssen wir sie auch aktiv erleben. Wer ständig zwischen Vergangenem und Zukünftigem (am schlimmsten noch sorgenvoll) in Gedanken hin und her springt, der kann ja gar nicht im Jetzt sein und dieses bewusst erleben.

Damit wären wir mental immer in einem Zustand, in dem wir nicht wirklich handlungsfähig sind. Denn die Vergangenheit können wir nicht mehr ändern und der Zukunft lässt sich auch nur schwer in die Karten blicken. Wir manövrieren uns sozusagen freiwillig in die Rolle des handlungsunfähigen Opfers, ohne dass es uns jedoch bewusst wird.

Auch du kennst wahrscheinlich haufenweise Zitate mit dieser Message: »Der Moment ist das Einzige, was wir je haben werden.« Also sollten wir den auch bewusst (er-)leben. Ich finde, so einfach das klingt, umso häufiger muss man diese Aussage lesen, um sie irgendwann tatsächlich samt Konsequenzen zu begreifen.

Was wäre, wenn die Zeit wirklich rein menschliche Illusion wäre? Ich will an dieser Stelle gar nicht zu philosophisch werden, ich möchte nur, dass du darüber nachdenkst, was du wirklich willst und ob du auch dementsprechend handelst. Lebst du dein Leben – oder »wirst« du gelebt? Nimmst du deine freie Zeit bewusst wahr oder lässt du dich von deinem Weg ablenken? Dabei spielt auch eine Rolle, wie du mit deinen täglichen Herausforderungen umgehst. Allen, die tiefer in eine komplexe Betrachtung der Zeit und ihren Einfluss auf unser Selbst eintauchen möchten, empfehle ich *Jetzt! Die Kraft der Gegenwart* von Eckhardt Tolle.

Achtsames Priorisieren

Weniger Zeitmangel durch achtsameres Erleben also? Oder liegt das Geheimnis darin, die anfallenden Dinge »einfach« besser zu priorisieren? Bei der ersten Herangehensweise wenden wir uns dem Inneren zu, beim zweiten Punkt »klauen« wir uns effiziente Strategien aus der Wirtschaftslehre. Beides geht davon aus, dass wir diese Mammutaufgabe des Kindergroßziehens in den Griff kriegen können. Geht das wirklich ohne Abstriche, also ohne das Gefühl, Zeit für etwas anderes Wichtiges zu verlieren? Vielleicht geht es auch hier wieder um unsere eigene Erwartungshaltung. Und sicher stellt sich dabei auch die Frage der Wahrnehmung!

Also frag dich mal: Muss ICH alle To-dos wirklich erledigen, möchte oder muss ich die anfallenden Dinge des Tages überhaupt machen, was kann ich abgeben, hat diese Sache noch Priorität für mich? In der Tat können besser strukturierte Alltagsangelegenheiten dabei helfen, »mehr Zeit zu haben«. Und spätestens damit wird die Mamarolle tatsächlich zum CEO ausgeschrieben.

Produktivitätshacks für deinen CEO-Mama-Alltag

1) Nein sagen

Die Magie entsteht nicht durch die Dinge, die wir tun, sondern durch die, die wir weglassen. »Nein« ist so ein machtvolles Wort!

2) Verzicht auf Multitasking

Produktivitätssteigerung durch Multitasking: Das ist wohl eher der Produktivitätskiller Nummer eins. Als Mama gewöhnt man sich Multitasking doch aus naheliegenden Gründen superschnell an: Baby auf dem Arm, über das Headset telefonieren und schnell nebenbei noch das Abendessen vorbereiten. Bei mir führt Multitasking zu offenen Schranktüren, verbranntem Essen und nicht zuletzt zu Unzufriedenheit. Aus diesen Gründen lasse ich es weg!
Ein Herzchirurg unterbricht ja auch nicht die Operation, weil ihm plötzlich einfällt, dass er noch die Einkaufsliste schreiben muss ...

3) Ähnliche Aufgaben bündeln

Täglich neu zu planen bei sich ständig wiederholenden Aufgaben ist nicht sehr effizient. Genau wie jeden Tag einzelne Rechnungen zu überweisen, nur drei Sachen einkaufen zu gehen, kleine Wäsche zu waschen ...
Wir könnten beispielsweise an einem Tag unsere ganze Woche vorplanen oder für mehrere Mahlzeiten vorkochen, nur einmal die Woche einkaufen gehen.

4) Prioritäten setzen

Was ist die eine Sache, die du heute erledigen willst, damit du am Ende des Tages sagst, es war ein guter Tag? Auf To-do-Listen sehen alle Punkte immer gleich wichtig aus. So kann es passieren, dass wir ackern wie ein Pferd und dennoch das Gefühl haben, nichts geschafft zu haben. Wie wäre es, wenn du deine To-do-Liste ab sofort nach Dringlichkeit und Wichtigkeit sortierst? Dringend sind in diesem Sinne Dinge, die für jemand anderen oberste Priorität haben. Wichtig sind hingegen Dinge, die für uns persönlich an erster Stelle stehen.

5) Aufgaben delegieren

Wir müssen nicht immer alles allein schaffen. Wir können/dürfen/müssen Aufgaben delegieren. Nach Hilfe zu fragen und vor allem auch Hilfe anzunehmen, ist so ein wichtiger Punkt.
Aktiviere dein Netzwerk und bitte, in welchem Bereich auch immer, um Unterstützung. Mehr dazu auch im folgenden Kapitel: Mama-Support!

6) Entscheidungen reduzieren und Routinen etablieren

Der Mensch trifft pro Tag etwa 20 000 Entscheidungen. Das Fiese ist, dass unsere Willenskraft mit jeder Entscheidung, die wir im Laufe eines Tages treffen, abnimmt. Im Englischen ist dieses Phänomen auch als *decision fatigue* bekannt, was nichts anderes bedeutet als „Entscheidungsmüdigkeit".
Die Wunderwaffe gegen Entscheidungsmüdigkeit sind Routinen! Ganz konkret sieht das bei mir so aus: Ich verbringe nicht gerne Zeit mit Einkaufen. Schon gar nicht, wenn ich in vier verschiedene Geschäfte muss! Deshalb werden meine Drogeriesachen jetzt dank Einkaufsabo alle zwei Monate geliefert, ohne dass ich darüber nachdenken muss.

ERIKA BRENDEL

Bankkauffrau & Lehramtsstudentin

41 Jahre / 2 Kinder / verheiratet / Studentin

Wie sieht Urlaub mit Kindern aus?

Bisher hast du ziemlich viel darüber gelesen, was sich mit der Geburt eines Kindes alles verändert. Manche Veränderungen können wir abfedern, mittragen, bewusst zum Positiven wenden. Andere sind subtil und unumkehrbar – das muss ja nicht gleich negativ sein. Doch meiner Erfahrung nach hat man als Eltern mehr Einfluss auf Veränderungen, als man denken würde.

Sprechen wir mal nicht über den Alltag, sondern schauen uns die kurze Zeit im Jahr an,

Es müssen mittlerweile nicht mehr die weiten Strecken sein, auch in unserer direkten Umgebung gibt es viel zu sehen und zu entdecken, und mit einem Kind, oder auch mehreren, ändert sich bei mir auch wieder der Blick auf die Welt. Müssen so viele Flüge im Jahr wirklich sein? Was antworte ich meinen Kindern auf die Frage, wie sehr das unsere Umwelt belastet? Eigentlich geht es ja nur darum, eine schöne Zeit miteinander zu verbringen, da ist der Ort fast schon Nebensache.

in der wir als Familie sowie als Einzelpersonen losgelöst sind von unserer vertrauten Umgebung. Eine Möglichkeit, Regeln und Rituale aus dem Fenster zu werfen oder umzugestalten, weil einfach mehr Zeit ist. Ändert sich also auch das eigene Reiseverhalten, wenn man als Familie unterwegs ist, und worauf sollte man bei der Reiseplanung mit Kindern achten?

Über diese Fragen habe ich mich mit Erika unterhalten. Die 40-Jährige ist Mama von zwei Jungs und ich würde sie durchaus als Weltenbummlerin beschreiben. Sie selbst bezeichnet ihr Reiseverhalten vor der Mamazeit als »oft und bunt«. Jeder einzelne Urlaubstag wurde in Reisen investiert, jeder Brückentag genutzt. Sie plante mit ihrem Partner nach Lust und Laune und reizte den Urlaubsplan vollständig aus. Grenzen setzten nur die Arbeitskolleg:innen, mit denen sie um die beliebtesten Urlaubstage feilschte. Fernreisen, Kurzreisen, Kreuzfahrten, Wanderurlaub, Wellnessurlaub: Ihre Reisewünsche umfassten wirklich alles, Hauptsache weg.

Erikas Reisetipps

Wie immer im Leben: Wenn die Großen entspannt bleiben, ist das auch bei den Kleinen so.

- Egal, wohin es geht: Plant mehr Zeit ein.
- Egal, wie lang es dauert: Nehmt die Sachen mit, die euren Kindern die Zeit vertreiben.
- Egal, was ihr vorher geplant habt: Manchmal müsst ihr einfach einen anderen Weg zum Ziel nehmen.

Kurz & knapp

1. Wir selbst sind der Schlüssel zu allem. Ja, eine Mama zu sein verändert unser Leben in allen Bereichen, aber der Grund dafür ist nicht unser Kind, sondern wir selbst. Wir verändern uns, wir handeln, denken, fühlen anders.

2. Selbstliebe führt zu einem guten Körpergefühl.

3. Eltern können sehr erfüllte und leidenschaftliche Beziehungen führen, auch mit dem „ganzen Kinderkram“ nebenbei. Eine gute Kommunikation und die gemeinsame Priorisierung der Beziehung sind die Basis dafür.

4. Sorgt für mehr Achtsamkeit, weniger Multitasking!

Meine Erkenntnisse

zum Thema Mamasein und wie ich mich verändert habe

1. Ich bin durch meine Mutterrolle in vielen Dingen effizienter geworden, aber erst nachdem ich eine Phase des völligen Chaos hinter mich gebracht habe.

2. Meine Beziehungen haben sich verändert, die wichtigsten sind tatsächlich besser und intensiver geworden.

3. Meine Einstellung zu meinem Körper ist eine andere geworden. Ich schaue heute in den Spiegel und finde mich schön, auch wenn meine vermeintlichen Makel stärker ausgeprägt sind als vorher.

4. Ich arbeite daran, klarer und direkter zu kommunizieren, und gehe nicht mehr davon aus, dass andere übersinnliche Fähigkeiten haben, mit deren Hilfe sie meine Bedürfnisse erahnen können.

BOBO
in the Hood

Mama-Support

Mama ist zwar – zumindest für kleine Kinder – immer die Superheldin, aber auch die braucht mitunter ein bisschen Unterstützung …

Mal ganz überspitzt gefragt: Ist geteiltes Leid tatsächlich halbes Leid und ist geteilte Freude doppelte Freude? Wird das Mamaleben einfacher und schöner, wenn wir andere Mamas an unserer Seite haben? Ich persönlich finde, dass diese Frage ein absolut fettes JA als Antwort verdient hat. Aus diesem Grund gibt's ein komplettes Kapitel zum Thema Mama-Support!

Mama-Support

Gleichgesinnte an seiner Seite zu haben ist einfach großartig! Das heißt aber nicht gleichzeitig, dass wir uns mit jeder anderen Mama sofort verbunden fühlen müssen, nur weil wir die Gemeinsamkeit »Kind« haben. Doch es gibt sie. Die Eine (oder auch gerne mehrere), die mit uns durch dick und dünn geht. Unsere partner in crime, die Frauen, die uns verstehen, bestärken, wieder aufbauen, zum Lachen bringen und auch mal mit uns weinen. Man muss sie nur finden.

Doch das Finden ist manchmal leichter gesagt als getan. Es ist ja nicht so, dass der eigene Freundeskreis gleichzeitig das Ziel »Eltern werden« verfolgt, nur weil man selbst den Wunsch verspürt, eine eigene Familie zu gründen. Babys sollen bei einer gewissen Altersgruppe zwar durchaus »ansteckend« sein, doch davon kann man nicht ausgehen.

Wo also finden, diese Mama, mit der wir unsere Pferde stehlen wollen? Im Geburtsvorbereitungskurs, wenn wir noch in der Zweisamkeits-Seifenblase mit dem oder der Partner:in hängen? Später bei der Babymassage, im Kanga, beim PEKiP, wenn wir anfangs nur inständig darauf hoffen, dass unser Baby nicht gleich wieder die ganze Stunde durchschläft? Auf dem Spielplatz oder doch erst einmal lieber online? Ganz häufig taucht das Stichwort »netzwerken« in diesem Sinne auf, doch auch das ist schneller vor sich hin gemurmelt als umgesetzt. Schauen wir uns mal bei anderen Mamas ab, wie wir uns einen Schritt aufeinander zu bewegen können.

Frischgebackene Mama – und einsam?!

Bereits in der Schwangerschaft gehen viele auf die Suche nach anderen werdenden Müttern, mit denen sie über das, was sie gerade erleben, sprechen können. Sobald das Kind auf der Welt ist, werden Gleichgesinnte von Tag zu Tag wichtiger. Was als Mamafreundschaft beginnt, endet nicht selten auch in einer wunderschönen Freundschaft für die Kinder oder umgekehrt.

Zeit mit Gleichgesinnten zu verbringen, tut einfach unglaublich gut, den Erwachsenen wie auch den Kindern. Doch wie finde ich nun diese andere Mama, mit der ich mich nicht nur über Oberflächliches austauschen kann?

Die Kinder sind Experten

In Sachen Kontakte knüpfen können wir uns wohl alle noch eine Scheibe von unseren Kindern abschneiden. Kinder sind oft viel unbefangener und offener gegenüber Gleichaltrigen. Da gibt es noch keine Vorurteile oder Ängste, meist ist es die pure Neugierde, die sie mit anderen in Kontakt treten lässt. Sätze wie »Willst du meine Freundin sein?« stehen hier noch an der Tagesordnung. So kann es auch passieren, dass die zufällig gemachte Spielplatzbekanntschaft innerhalb von Minuten zur allerbesten Freundschaft wird, die sie jemals hatten.

Erwachsene sind in diesem Punkt viel verkopfter. Aus diesem Grund ist es auch kein Wunder, dass es oft die Kinder sind, die Erwachsene zusammenbringen. Das Kind lernt neue Freund:innen im Kindergarten oder in der Schule kennen und irgendwann will es sie auch außerhalb dieser Einrichtungen treffen. Spätestens dann lernen wir die andere Mutter kennen.

Manchmal wirst du Glück haben und in ihr eine finden, die genauso tickt wie du. Doch selbst wenn nicht, ergibt sich vielleicht dennoch eine nette Bekanntschaft, mit der du manchmal Zeit auf dem Spielplatz verbringen möchtest. Falls nicht, ist das auch okay, denn nur weil sich die Kinder mögen, ist das kein Muss für die Erwachsenen.

Sabine Gärtner

Gründerin von MamiConnection & Marketingmanagerin

40 Jahre / 1 Kind / getrennt lebend / selbstständig & angestellt

Was tun, wenn das Kind noch nicht die Kita oder Ähnliches besucht und wir selbst niemanden bei den zahlreichen Baby- und Kinderkursen gefunden haben, den wir sympathisch finden? Genau vor diesem Problem stand auch Sabine. Mit ihr habe ich darüber gesprochen, wie sie ihren Mama-Buddy gefunden hat und warum ihre Problemlösung praktischerweise gleich zur Lösung für ganz viele andere Mamas wurde.

Liebe Sabine, magst du dich kurz vorstellen und erzählen, was du so machst?
Ich bin Sabine, Mama eines siebenjährigen Sohnes, Marketingmanagerin bei einem Spielwarenhersteller und gemeinsam mit meiner Freundin Charlotte habe ich das Mami-Netzwerk **MamiConnection** gegründet. **MamiConnection** ist eine Online-Plattform, auf der sich Mütter austauschen können. Sie finden dort auch Inspiration zu verschiedenen Themen rund um das Mamaleben.

Wann und warum hast du MamiConnection gegründet?
Das war 2017. Ich war auf der Suche nach etwas, das mir meinen Mama-Alltag erleichtert. Austausch und Support mit Gleichgesinnten schienen für mich die Lösung zu sein. Da ich keine passende Plattform fand, die all meine Wünsche erfüllte, habe ich die Zügel selbst in die Hand genommen und **MamiConnection** gegründet. Von der Idee bis zur Umsetzung hat es aber noch eine ganze Weile gedauert.

Schon vor der Geburt unseres Sohnes hatten mein damaliger Partner und ich eine Weltreise geplant. Die passten wir dann dem Tempo »mit Kind« an. Erst danach war ich dazu bereit, meine Idee umzusetzen. Ich erreichte irgendwann den Punkt, an dem ich dachte: »Wenn ich es jetzt nicht mache, dann mache ich es nie.«

Glücklicherweise habe ich gleich passende Unterstützung gefunden und so wurde aus meinem Wunsch, meinen Mama-Alltag zu erleichtern, eine Plattform, die auch ganz vielen anderen Mamas die Möglichkeit bietet, sich auszutauschen und inspirieren zu lassen.

Wir wollen Müttern damit zeigen, dass sie nicht allein sind.

Du bist dein »Problem« also selbst angegangen. Warum wolltest du selbst aktiv werden?
Es entsprach einfach kein Online-Anbieter meinen Vorstellungen. Klar, das Angebot war riesig, aber es gab wenige Seiten, bei denen der Austausch mit anderen Müttern im Vordergrund stand. Ich habe im ersten Jahr mit Kind verschiedene Babykurse gemacht. Auch um mir offline mein Mama-Netzwerk aufzubauen, doch dort fand ich nie wirklich Anschluss an jemanden. Es war immer mal wieder eine Mutter dabei, mit der ich mich ganz gut verstand, aber nie die Mama, mit der ich durch dick und dünn gehen wollte.

Von Köln aus bringt Sabine ganz verschiedene Mamas online zusammen.

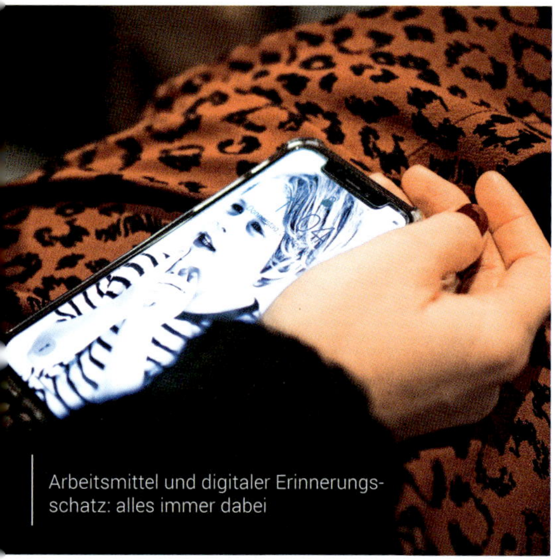

Arbeitsmittel und digitaler Erinnerungsschatz: alles immer dabei

Die digitale Welt feiert analog und im Netz!

»Hört auf eure Intuition, macht alles so, wie ihr es für richtig haltet. Es gibt kein Richtig oder Falsch.«

Ich bin ein sehr offener und kommunikativer Mensch, aber es fiel mir trotzdem schwer, eine Mamafreundin zu finden. Ich fragte mich, wie das wohl Mamas machen, denen es schwerer fällt, offen auf andere zuzugehen. Ich kam zu der Erkenntnis, dass ich online viel leichter Kontakte knüpfen konnte.

Mit **MamiConnection** wollte ich einfach eine Basis schaffen. Den Netzwerk-Gedanken, den ich so wichtig finde, leben wir auf unseren Social-Media-Kanälen, aber vor allem auch bei unseren Events aus. Auf unserer Webseite liegt unser Fokus ganz klar auf den echten und unverblümten Geschichten aus dem Leben anderer Mamas. Wir wollen Müttern damit zeigen, dass sie nicht allein sind, dass wir alle vor ähnlichen Herausforderungen stehen. Wir wollen Mütter miteinander verbinden, damit sie sich gegenseitig unterstützen und stärken können.

Was ist dein Geheimtipp für andere Mütter?

Hört auf euren Bauch. Hört auf eure Intuition, macht alles so, wie ihr es für richtig haltet. Es gibt kein Richtig oder Falsch. Es ist ganz wichtig, dass jede selbst weiß, was guttut. Schafft euch ein Netzwerk, tretet mit anderen Müttern in den Austausch. Das macht den Mama-Alltag deutlich einfacher und sorgt dafür, dass ihr alles mit viel mehr Leichtigkeit »wuppen« könnt.

Mein Tipp für dich

Unter **www.mami-connection.de** findest du inspirierende, überraschende und authentische Geschichten von Müttern für Mütter.

Momunity-App

Finde Mütter in deiner Nähe!

Charlotte Schiweck / 39 Jahre / 2 Kinder
Julia Laßmann / 37 Jahre / 1 Kind

Charlotte und Julia sind die Gesichter hinter der **Momunity**-App. Einer App, die Müttern hilft, andere Mamas in der Nachbarschaft aufzufinden, sich über jegliche Themen rund ums Muttersein auszutauschen und sich für gemeinsame Aktivitäten zu verbinden. Eine Community voller toller Frauen, die genau wissen, wie es dir als Mama ergeht, und dir mit hilfreichen Erfahrungstipps und echter Tatkraft zur Seite stehen.
Ich habe mit ihnen über ihre Pläne und die App gesprochen.

Wie entstand die Idee zu Momunity und welches Problem löst ihr damit?
Charlotte: **Momunity** entstand aus dem Wunsch heraus, Mamas in meiner Umgebung kennenzulernen. Mit der Geburt meiner ersten Tochter drehte sich mein Leben um 180 Grad. Ich fühlte mich oft einsam und hatte Unmengen neuer Fragen, die ich nur mit Gleichgesinnten teilen wollte. Viele Freundschaften liefen aufgrund unterschiedlicher Interessen und kollidierender Tagesabläufe schleichend aus.

Charlotte und Julia lernten sich nach einem Facebook-Aufruf kennen.

Charlotte und Julia feiern ihre Freundschaft.

Ich besuchte verschiedene Babykurse, in denen ich auch andere Mamas kennenlernte. Aber der direkte Handynummern-Tausch war mir oft im ersten Schritt zu verbindlich. Ich wollte mich langsam an die neuen Mama-Kontakte rantasten und nicht gleich eine Freundschaft ausrufen. Denn nur weil man denselben Kurs besucht und Kinder hat, bedeutet das ja nicht zwangsläufig, dass man dieselbe Wellenlänge hat.

Oft war es auch so, dass die Frauen aus unterschiedlichen Bezirken anreisten. Ich aber suchte Kontakt zu Müttern, die in meiner unmittelbaren Umgebung lebten und mit denen ich mich auch mal kurzfristig für ein Playdate verabreden konnte. Als sehr spontaner Mensch suchte ich häufig von jetzt auf gleich Aktivitäten, mit denen ich noch zwei unverplante Stunden des Tages füllen konnte. Hier setzt die Idee von **Momunity** an. Ich wollte eine Lösung schaffen, die Mamas den Freizeitalltag mit Kind erleichtert.

Julia: Ich bin auch der Meinung, dass der Kontakt zu Gleichgesinnten in der nahen Umgebung ein großes Bedürfnis von Müttern ist. Dieses stillen wir mit der App. Mir selbst ging es auch nicht anders, ich war die Einzige in meinem Freundeskreis, die ein Baby bekommen hatte, und ich wünschte mir Kontakt zu Müttern, die in der gleichen Situation waren wie ich. Denn wenn du einer Mama mit einem Schulkind von deinem Baby erzählst, dass sich gerade erst umdrehen kann, findet sie das nicht unbedingt genauso spannend wie du.

Aus diesem Grund lud ich irgendwann ganz spontan in einer Facebook-Gruppe für den Nachmittag zu mir auf die Dachterrasse ein. Und plötzlich standen 50 Mütter vor mir, unter anderem auch Charlotte. Einsamkeit ist auch etwas, das zusammenführt! Charlotte und ich merkten, dass wir beide Mütter zusammenbringen wollten. So beschlossen wir gemeinsam, die Idee von **Momunity** weiter voranzutreiben.

Wie funktioniert eure App?

Charlotte: Grundsätzlich geht es bei **Momunity** um Austausch und Vernetzung mit Gleichgesinnten aus der Umgebung, um gegenseitige Inspiration, Unterstützung und Stärkung sowie um das Organisieren von gemeinsamen Unternehmungen.

Das Herzstück der App sind ein Newsfeed und eine Gruppenchat-Funktion. Damit können sich Benutzerinnen im geschützten Rahmen mit anderen Gleichgesinnten zu jeglichen Fragen des Mamaseins austauschen. Mit dem Momfinder bieten wir die Möglichkeit, mit nur einem Klick andere Mamas in der näheren Umgebung aufzufinden. Somit sind Mamas auch im analogen Leben weniger einsam – denn im besten Fall entstehen aus solchen digitalen Bekanntschaften nach ein paar Kontakten richtig gute Freundschaften.

Was ist die Vision von Momunity?

Julia: Wir geben Müttern ein digitales Zuhause. Wir möchten Mütter stärken, ihnen ein glücklicheres Mamasein ermöglichen und mit **Momunity** ein Tool an die Hand geben, welches sie besser durch die, teilweise sehr isolierte, neue Lebensphase bringt. Langfristig sehen wir **Momunity** aber auch als Komplettlösung für kostenlose und kostenpflichtige Angebote und für jegliche lokale Services und Informationen, die Müttern ihren Alltag erleichtern.

Für wen ist Momunity geeignet?

Julia: **Momunity** ist nur für Mamas. Auch wenn wir natürlich alle Mütter willkommen heißen, besteht der Großteil unserer Community aus werdenden Müttern und Müttern mit Kindern bis zur Einschulung.

Wie verteilen sich eure Mitglieder? Wird Momunity eher in Städten genutzt oder flächendeckend deutschlandweit?

Charlotte: Wir dachten zuerst auch, dass die App aufgrund der fehlenden familiären Strukturen stärker in urbanen Gebieten funktioniert. Sie wird jedoch in der Tat flächendeckend in ganz Deutschland, Österreich und der Schweiz genutzt.

Wie unterstützt eure App Mütter beim Netzwerken?

Charlotte: Mit **Momunity** bieten wir den Mamas eine unkomplizierte und unverbindliche Möglichkeit, auf andere Mamas in der eigenen Umgebung zu stoßen. Alle können sich erst einmal austauschen, beschnuppern und kennenlernen, bevor sie entscheiden, sich auch im analogen Leben für Unternehmungen zu treffen. Das erleichtert einiges und hilft vielen, den ersten Schritt zu machen.

Was ist der Unterschied zu anderen Anbietern von Online-Netzwerken?

Julia: In den meisten Netzwerken im digitalen Raum ist die Hemmschwelle, die Dinge, die man wirklich fragen will, tatsächlich auch zu fragen, viel höher. Instagram ist beispielsweise eine Plattform, die von schönen Bildern lebt, auf der einem vielleicht auch Chef:in oder Arbeitskolleg:innen folgen.
Es ist also nicht der Raum für banale oder auch intimere Mama-Themen. Dass also die Kaiserschnittnarbe nicht richtig verheilt oder dass man sich einsam trotz oder wegen des Babys fühlt.

Das ist in unserer App anders, hier kann man sich mit Frauen austauschen, die in derselben Lebenssituation stecken, die genau wissen, wie man sich fühlt. Diese Bestärkung unter Mamas ist einfach Gold wert.

Mein Tipp für dich

Du suchst nach Austausch mit Gleichgesinnten und nach neuen Freundschaften mit Mamas in deiner Nähe? Dabei kann dir die kostenlose **Momunity-App** helfen. Einfach herunterladen, registrieren und los geht's.

Martina Koch

NetzwerkArchitektin

57 Jahre / 2 Kinder / angestellt

Tipps von einer NetzwerkArchitektin

Liebe Martina, wie kommst du zu dem Titel »NetzwerkArchitektin«?

Diese Bezeichnung gab ich mir vor mehr als zehn Jahren selbst. Zu dem Zeitpunkt wurde ich zur »Service- und Beratungsstelle Familie und Beruf«-Lotsin für eine große Klinik, ein Akademisches Lehrkrankenhaus. Heute gehöre ich in derselben Funktion zu den SHG-Kliniken Sonnenberg. Meine Aufgabe war und ist es immer noch, Mitarbeiter:innen in allen privaten Fragen zu lotsen.

Um diese Tätigkeit erfolgreich zu meistern, braucht man einfach ein gut funktionierendes Netzwerk. Das hatte ich mir in den Jahren zuvor als Mutter und in verschiedenen Ehrenämtern aufgebaut.

Was macht für dich eine NetzwerkArchitektin aus?

Als NetzwerkArchitektin sollte man ein Gespür für Menschen, Organisationen und Unternehmen um sich herum sowie einen Blick für die jeweiligen Talente, Stärken und Angebote haben. Es ist auch wichtig zu erkennen, wo die Schnittpunkte mit der eigenen Erfahrung zu den Eignungen anderer Netzwerkpartner:innen liegen. Verbindet man seine Netzwerkpartner:innen nach Bedarf auch untereinander, hat man die Mög-

lichkeit, den Standort, das Thema oder das jeweilige Netzwerk an sich zu stärken.

Was ist das Geheimnis eines guten Netzwerks?
Da möchte ich sehr deutlich sein: Ein gutes Netzwerk beinhaltet faire Partner:innen, wertschätzenden Umgang miteinander und die innere Überzeugung, Netzwerkpartner:innen durch dein Wissen und dein Talent beim Wachsen zu unterstützen. Das gilt sowohl für das Privat- als auch fürs Berufsleben. Das bedeutet also ein Geben, und zwar ohne Erwartungshaltung, dass man aus gleicher Richtung etwas zurückbekommt. Das ist das Geheimnis des Netzwerkens.

Was denkst du, warum immer noch so viele Mütter die »Ich-schaffe-das-allein-Mentalität« haben?
Ich sehe hier eine starke Belastung. Frauen scheinen sich beweisen zu wollen, ohne vielleicht gelernt zu haben, im familiären oder sozialen Umfeld um Hilfe zu bitten. Die finanzielle Investition in Kinderbetreuung und haushaltsnahe Dienstleistungen wird mit dem Einkommen der Frau irgendwie verrechnet (»dann lohnt es sich aus Prinzip gar nicht mehr, arbeiten zu gehen ...«).

Dabei ist eine solche Unterstützung für mich eine Investition in die persönliche Weiterentwicklung. Wenn die Eltern durch Einsatz bezahlter Dienstleister:innen die Zeit gewinnen für Hobbys oder Sport, ist das auch eine Investition in ihre Gesunderhaltung.

Es ist also gut, um Unterstützung zu bitten. Worin besteht für dich der Vorteil, nach Hilfe zu fragen?

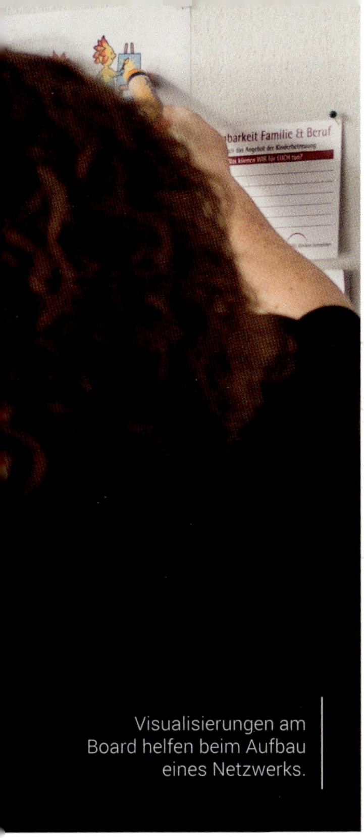

Visualisierungen am Board helfen beim Aufbau eines Netzwerks.

Ich lerne andere Lösungen kennen, vielleicht geht auch beim Formulieren der Fragestellung gedanklich eine andere Tür für mich auf. Wenn mir die Gewichtung meiner eigenen Arbeitsfähigkeit oder meines Alltags klar ist, bin ich eher bereit, die andere Seite der Waage mit Hilfe oder mit bezahlter Dienstleistung zu füllen.

Ich habe von vielen Frauen gehört: »Ich möchte andere nicht belasten. Ich will niemanden damit nerven.« Belastet man seine Mitmenschen, wenn man sie um Hilfe bittet?

Ein klares NEIN! Es gibt ja Gründe, warum ich um Hilfe gefragt werde. Nennen möchte ich hier Vertrauen, Wertschätzung und Offenheit. Wichtig ist jedoch: Es muss jedem klar sein, Hilfe zu geben und anzunehmen bedingt Großzügigkeit und Vertrauen auf beiden Seiten.

Hast du einen Tipp für Mütter, denen es schwerfällt, nach Hilfe zu fragen?

So würde ich dem Ganzen auf den Grund gehen: Warum geht es mir so? Ich würde in meinem vertrauten Umfeld andere fragen, wie sie mit Überlastung umgehen. Ich würde mir überlegen, wie ich es beruflich halte: Frage ich auch da nicht um Hilfe? Und warum? Wie verhalte ich mich, wenn ich selbst um Hilfe gefragt werde? Vielleicht hilft es auch, als Mentorin andere zu begleiten, um dann für sich selbst den Umgang mit Hilfe zu erfahren.

Hast du Tipps für Mütter, wie sie Gleichgesinnte finden und mit ihnen in Kontakt treten können?

Prinzipiell überall dort, wo mehrere Menschen mit gleichen Fragen zusammenkommen. Das heißt, zuerst muss ich meine Fragen/Herausforderungen kennen, um zu überlegen, wo Gleichgesinnte zusammenkommen. Oft ist es notwendig, diese Herausforderungen zu formulieren und dann beispielsweise in einer Krabbelgruppe laut auszusprechen. Dann kann sich herauskristallisieren, wer ähnlich tickt.

Hilfe: am besten vor Ort!

- Übersicht lokaler ehrenamtlicher Initiativen: **www.lokale-buendnisse-fuer-familie.de**
- Elternkurse des Kinderschutzbundes: **www.sesk.de**
- Elternzentren in euren Stadtteilen
- Hilfsangebote: **www.familienportal.de**

Mütter verbinden – Social Moms

Was wäre, wenn es eine Community gäbe, die den Zusatz social tatsächlich verdient? Eine Community, die sich nicht zu einem Haifischbecken entwickelt, wenn die eigene Meinung mal von der Norm abweicht. Eine Community, die sich mit Themen beschäftigt, die Frauen tatsächlich bewegt, Themen fernab von Windeln, Babybrei & Co. Themen, bei denen die Frau mit ihren unterschiedlichen Bedürfnissen im Vordergrund steht, nicht das Kind.

Genau dafür möchten die **Social Moms** stehen, sie verbinden Mütter online sowie offline miteinander. Diese Plattform setzt sich zum Ziel, Müttern zukünftig einen ganzheitlichen, geschützten Rahmen zu bieten, in dem sie sich gegenseitig austauschen und unterstützen können. Ich habe mit Camilla, einer der Mitgründerinnen der **Social Moms** darüber gesprochen, wie sie ihr Ziel erreichen möchten und wie die **Social Moms** schon heute Frauen verbinden und unterstützen.

Bloggerinnen kreieren Community

Camilla und Tanya, die beiden Geschäftsführerinnen der **Social Moms**, sind Bloggerinnen der ersten Stunde. Ihre Erfahrungen aus ihren eigenen Blogs »Lucie Marshall« und »Mummy Mag« fließen nun bei den **Social Moms** zusammen. Als sie die **Social Moms** gründeten, hatten sie schon erkannt, dass ein bewertungsfreies Miteinander im Netz gar nicht so leicht zu etablieren ist. Sosehr sie es auch versuchten, die sozialen Medien verlocken doch schnell zum Urteilen.

Jobsharing: Camilla und Tanya ergänzen sich perfekt in ihrer geteilten Geschäftsführerinnen-Rolle.

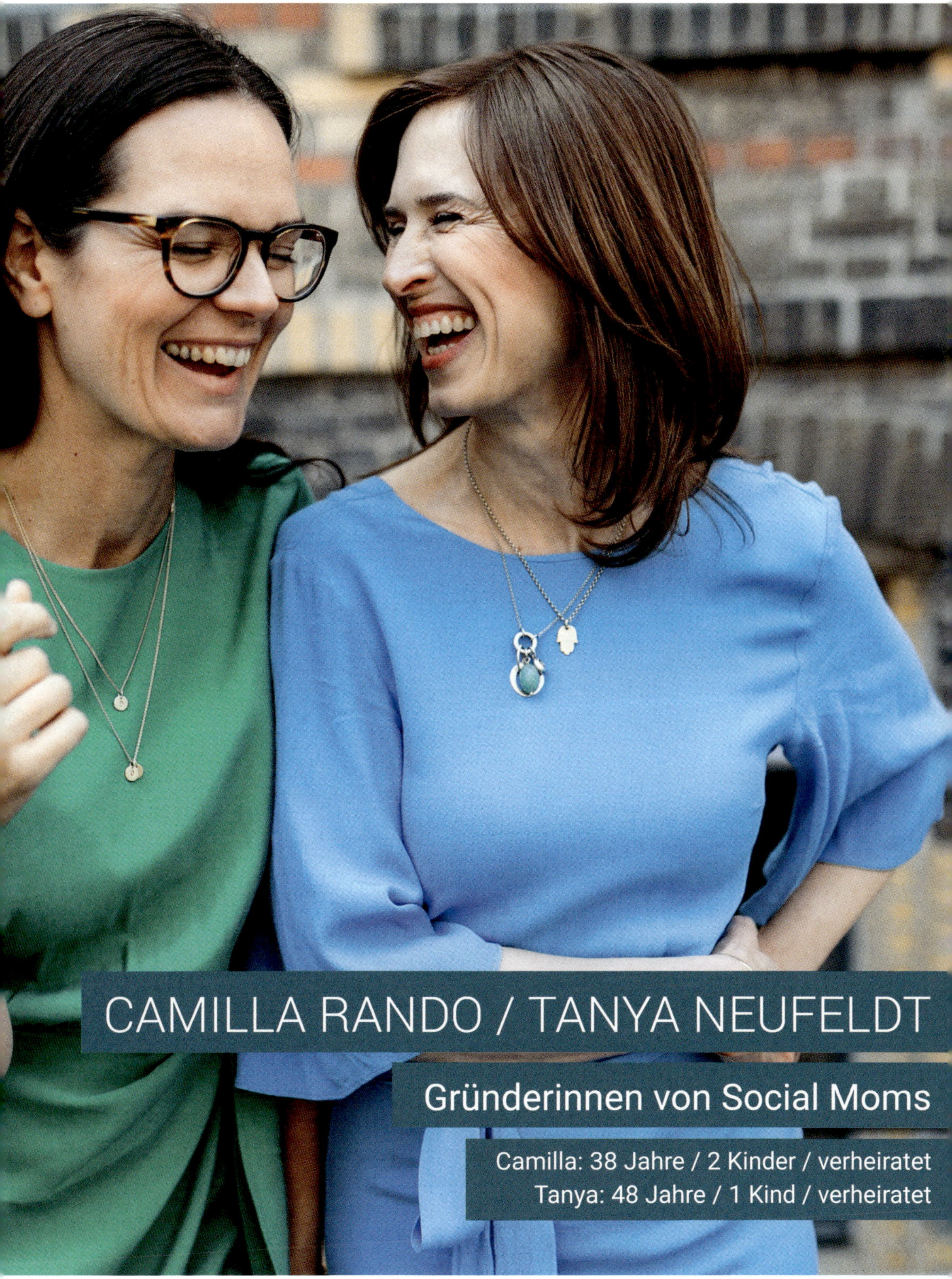

CAMILLA RANDO / TANYA NEUFELDT

Gründerinnen von Social Moms

Camilla: 38 Jahre / 2 Kinder / verheiratet
Tanya: 48 Jahre / 1 Kind / verheiratet

Das Zauberwort eines gelungenen Aufbaus einer Community ist ›Zuhören‹.

Aus diesem Grund riefen sie eine ganz andere Plattform ins Leben. Mit den **Social Moms** wollen sie eine Brücke bauen. Sie möchten etwas Großes kreieren, das all die wunderbaren kleinen Inseln der Unterstützung zusammenbringt und Energien, Ideen und Inspirationen sinnvoll bündelt. Die **Social Moms** wollen zu einer Art Netz werden, das alle im geschützten Raum miteinander verbindet und so einen wertfreien Austausch miteinander ermöglicht.

Für Camilla ist es an der Zeit: »Lasst die Stiftung-Warentest-Manier hinter euch und geht in den offenen Austausch!« Denn nur so lernen wir so viel mehr unterschiedliche Denkweisen, Möglichkeiten und Perspektiven kennen. Die Diversität ist ein Geschenk, das es uns ermöglicht, voneinander zu lernen und neue Wege zu entdecken. Es gibt in diesem Leben einfach kein Richtig oder Falsch, sondern nur unterschiedliche Ansichten und unterschiedliche Herangehensweisen.

Vision und Umsetzung

Die **Social Moms** sind breit aufgestellt. Sie können ihrer Community also unterschiedliche Andockmöglichkeiten bieten. Du kannst dich beispielsweise über Social Media, das eigene Blogmagazin, ihren Podcast, bei Offline-Events oder einfach über die Community-Plattform der **Social Moms**, die sich im Aufbau befindet, verbinden. So ist für jeden etwas dabei: für die Interaktiven, die sich beteiligen wollen, aber auch für die stillen Mitleserinnen/-hörerinnen. Die **Social Moms** lieben den direkten Austausch mit ihrer Community, aus diesem Grund liegen ihnen die Offline-Events besonders am Herzen. Laut Camilla ist es enorm wichtig, die eigene Bubble zu verlassen und mit den Müttern direkt zu sprechen. Denn das Zauberwort eines gelungenen Aufbaus einer Community ist »zuhören«. Und genau darum dreht sich alles bei den **Social Moms**: eine Community aufzubauen, die Mehrwert bietet. Deshalb lautet die große Frage: Was brauchen Mütter wirklich im Netz?

Camilla ist der Meinung, dass vor allem eines wichtig ist: ein geschützter Raum, in dem sie sich ganz offen austauschen können. Genau das möchten die **Social Moms** mit ihrer Plattform bieten. Sie wird einer Light-Version von Facebook ähneln. Es wird moderierte Gruppen zu unterschiedlichen Themen geben, aber auch die Möglichkeit des direkten Nachrichtenaustauschs. Im Vordergrund steht dabei die Wertungsfreiheit. Meinungen und eigene Emotionen sind erlaubt, konstruktiver Austausch erwünscht, doch abschätzige Bewertungen und subjektive Beurteilungen sind tabu.

Das Ganze ist und bleibt kostenlos für Nutzerinnen. Alles in allem eine runde Sache, die darauf hoffen lässt, dass die Ellbogenmanier unter Müttern irgendwann verschwindet. Zum Abschluss fragte ich Camilla noch, was sie antreibt und wie sie es geschafft hat, sich selbst ein so gut funktionierendes Netzwerk aufzubauen.

So klappt's mit dem Netzwerken

»Echtes Interesse ist die Basis, wenn man netzwerken möchte. Wer seinen Horizont und damit auch das eigene Netzwerk erweitern möchte, sollte unbedingt neugierig und interessiert sein an anderen Menschen und ihren Geschichten. Mir persönlich macht es unglaublich viel Freude, Menschen miteinander zu verbinden, und ich möchte aus tiefstem Herzen Frauen unterstützen und bestärken. Aus diesem Grund möchte ich kommendes Jahr auch noch eine Doula-Ausbildung machen.« Nicht nur als Agenturchefin, sondern auch als alternative Geburtshelferin (Doula) wird Camilla also zukünftig so einige Babys in die Welt begleiten.

Mein Tipp für dich

Unter **www.socialmoms.de** kannst du dich mit anderen Müttern vernetzen.

Für alle, die aus der Seifenblase im Wochenbett oder später hinaus ins »richtige« Mama-Leben starten wollen: zum Austauschen, für Inspiration, zum Netzwerken und als Möglichkeit, neue Wegbegleiterinnen zu finden.

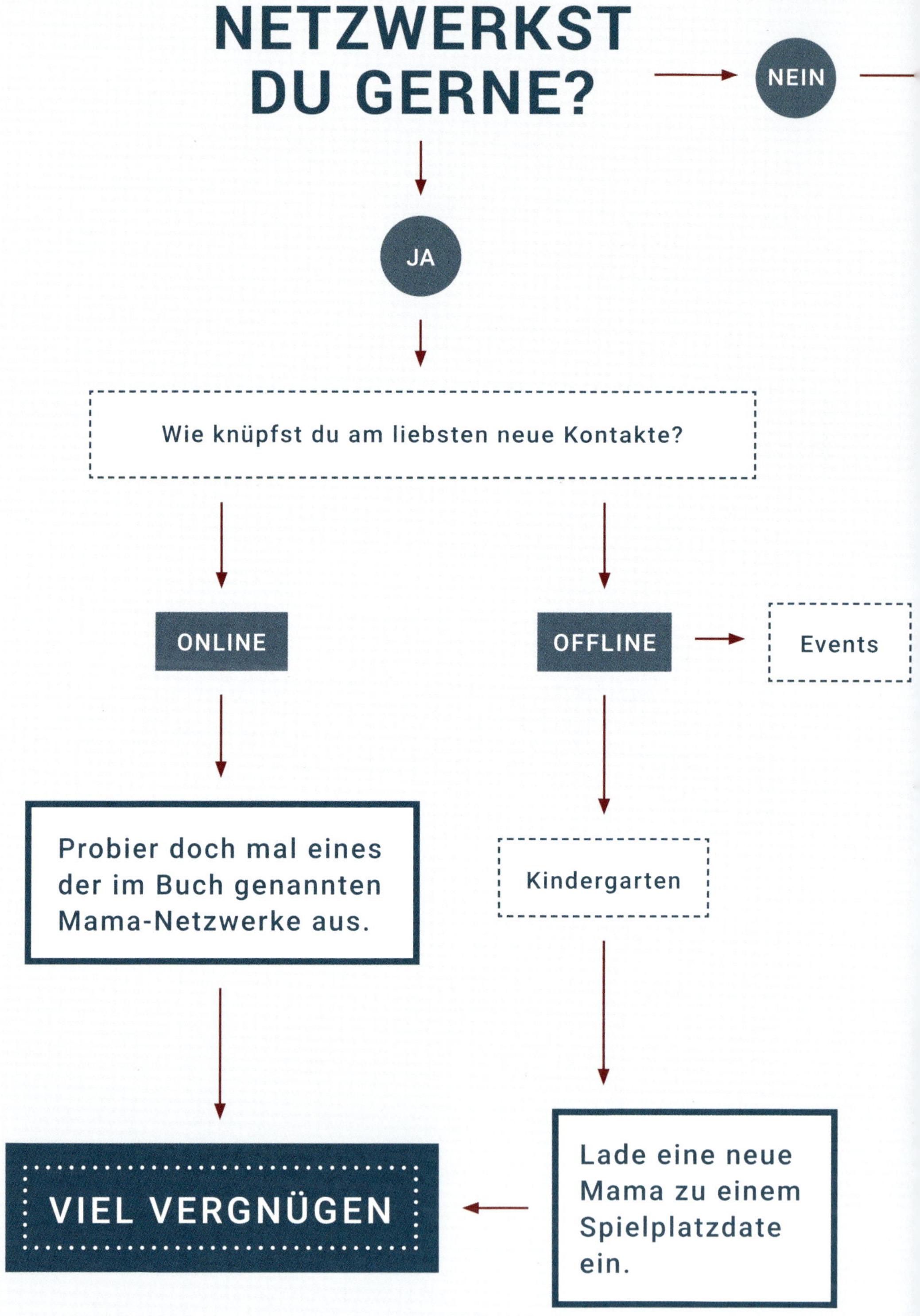
NETZWERKST DU GERNE?
NEIN
JA
Wie knüpfst du am liebsten neue Kontakte?
ONLINE
OFFLINE
Events
Probier doch mal eines der im Buch genannten Mama-Netzwerke aus.
Kindergarten
Lade eine neue Mama zu einem Spielplatzdate ein.
VIEL VERGNÜGEN

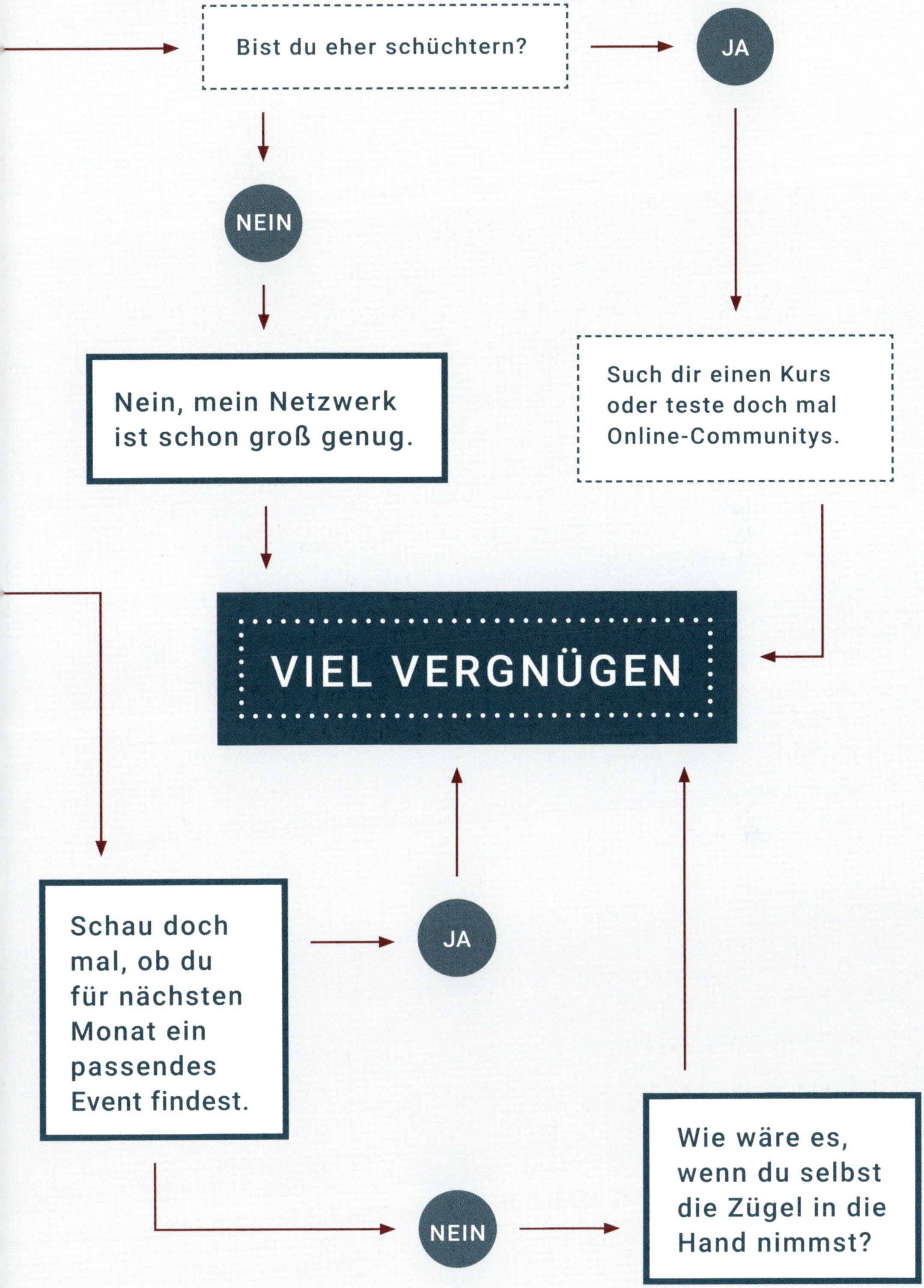
Bist du eher schüchtern?
JA
NEIN
Nein, mein Netzwerk ist schon groß genug.
Such dir einen Kurs oder teste doch mal Online-Communitys.
VIEL VERGNÜGEN
Schau doch mal, ob du für nächsten Monat ein passendes Event findest.
JA
NEIN
Wie wäre es, wenn du selbst die Zügel in die Hand nimmst?

HANNAH PANIDIS

Empowerment Coach

34 Jahre / 2 Kinder / verheiratet / selbstständig

Mama-Empowerment

Empowerment bedeutet im Prinzip nichts anderes, als sich seiner selbst bewusst zu werden, die eigenen Stärken zu erkennen und sich dafür Respekt zu zollen. Ich weiß nicht, wie es dir geht, aber rückblickend betrachtet kommt es mir durchaus so vor, als hätte ich mein Selbst-Bewusstsein damals im Kreißsaal abgegeben. Spätestens ab der Geburt dreht sich ja nun alles, und erst einmal berechtigterweise, um das Baby.

Irgendwann im Laufe meiner Mutterschaft erkannte ich jedoch, dass ich gar nicht mehr so genau wusste, was ich persönlich eigentlich vom Leben möchte oder wie es am besten aussehen sollte. Nach dieser Erkenntnis ging ich auf eine Reise zu mir selbst, die immer noch andauert. Persönliche Weiterentwicklung ist eben nichts, was von heute auf morgen passiert, sondern ein lebenslanger Prozess.

Für mein Buch wollte ich unbedingt mit einer Expertin über dieses Thema sprechen. Also recherchierte ich, ob es jemanden gibt, der dieses Phänomen auch erlebt und eine Lösung für sich gefunden hatte. Optimalerweise sollte solch ein Vorbild auch noch sinnvolle Learnings weitergeben, ohne von einem Podest herunter zu dozieren.

Ich wollte mit einer Frau sprechen, die eine Vorbildfunktion hat, mit der man sich aber durch ihre Nahbarkeit auch identifizieren kann. Meine Wahl fiel dabei auf Coach Hannah Panidis. Ich kann dir sagen, ich war ganz schön aufgeregt vor unserem Treffen! Ich hatte wochenlang ihre Stories auf Instagram verfolgt, bei denen sie nicht um den heißen Brei herumquatscht. Endlich mal eine, die Klartext spricht! Ich war mir ziemlich sicher, dass mich eine echte Powerfrau empfangen würde. Eine dieser Frauen, bei der man sich denkt: »Wow, was für eine Ausstrahlung. Was für eine großartige Frau, von der möchte ich lernen!« Spoiler alert, mit genau diesem Gefühl ging ich nach Hause. Aber zurück zum Anfang.

Erst einmal wollte ich von Hannah genau wissen, was sie tut und wie sie dazu kam. Hannah arbeitet heute als Onlinecoach und unterstützt mit ihrem Kurs Frauen dabei, fit und selbstbewusst zu werden, ein erfülltes Leben zu führen. Sie ist davon überzeugt, dass der Weg zu glücklichen Kindern über glückliche Eltern führt. Doch glückliche Eltern fallen nicht einfach vom Himmel. »Glück« hat auch etwas mit »Arbeit« zu tun, sodass bei Familie Panidis vieles durchorganisiert ist.

Hannah und ihr Mann Theo achten darauf, dass sie nicht nur ausreichend Familienzeit und Zeit als Paar verbringen, sondern auch, dass jedes Familienmitglied für sich etwas tun kann, was ihm Freude bereitet. So kann es auch mal sein, dass die Familie nicht zusammen zu Abend isst, weil einer der beiden beim Sport ist.

Hannahs positive Ausstrahlung hat mich besonders fasziniert.

Hannah ließ mich einen Teil ihres Alltags miterleben – sehr entspannt!

Wir müssen nicht alles alleine schaffen. Hilfe anzunehmen ist klug und niemals ein Zeichen der Schwäche.

Einfach ausprobieren – und dann daraus lernen

Hannah strukturierte ihr Leben nicht immer so zielgerichtet wie heute. Genau wie ich fragte sie sich eines Tages: »Wie möchte ich mein Leben gestalten? Welche Ziele möchte ich erreichen?« Ihre Lösung: »Trial and Error.« Sie probierte sich einfach aus und im Zuge ihres persönlichen Wachstums, ihrer intensiven Freude am Social-Media-Business und ihrer stetig wachsenden Online-Community entwickelte sie ein eigenständiges Profil als Empowerment Coach.

Was als sportlicher Instagram-Account mit Workouts und Yoga startete, entwickelte sich zu einer »Heimat« für Mamas. Bei Hannah gibt es wertvolle Tipps, wie Mamas mithilfe von Gewohnheiten, Sport und dem richtigen Mindset zu der Mutter werden, auf die ihre Kinder stolz sind.

Hannahs Antrieb ist es, andere Menschen in ihrem Leben weiterzubringen. Auf diesem Weg merkte sie, dass es den Menschen nicht an Wissen mangelt, sondern an dem Mindset, nützliche Strategien auch anzuwenden. Genau dort setzt Hannah mit ihrem Onlinekurs an. Sie unterstützt Frauen dabei, wieder große Visionen von sich selbst zu entwickeln, messbare Ziele zu setzen und mithilfe von Routinen und Gewohnheiten ins Handeln zu kommen. Sie selbst sagt, dass sie besonders Mütter gut

»Alles, was ich dazu noch sagen kann, ist: Los, ab vor den Spiegel!«

dabei unterstützen kann, weil sie ihre eigenen Erfahrungswerte und Erkenntnisse einbringen kann.

Coaching heißt auch lernen

Auf die Frage, wie eine Frau den passenden Coach für sich selbst finden kann, antwortete sie: »Suche dir einen Coach, der selbst gecoacht wird. Suche nach einem Mentor, der selbst die Einstellung eines lebenslangen Schülers hat.« Denn für Hannah ist die Bitte um Hilfe eine absolute Stärke. »Ich glaube, es ist nicht unsere Aufgabe, alles allein zu schaffen. Wir denken manchmal aus unserem Egobewusstsein heraus, wir müssten zeigen, dass wir stark sind. Doch eigentlich sind wir viel stärker, wenn wir die Dinge mit einer Gruppe von Menschen, die unterschiedliche Fähigkeiten besitzen, umsetzen.

Wir müssen nicht alles alleine schaffen. Hilfe anzunehmen ist klug und niemals ein Zeichen der Schwäche. Egal, ob im Business, im Privaten oder beim Sport. Ich persönlich werde in vielen Bereichen meines Lebens von anderen Menschen begleitet und unterstützt.«

Genau das ist es, was ich von Hannah mitgenommen habe. Sie ist diese starke Powerfrau, weil sie eben nicht alles alleine macht. Weil sie nicht andere beäugelt, sondern ganz genau im Blick behält, wohin sie persönlich möchte, wie dieser Weg aussehen soll und wer sie dabei unterstützen kann. Sich seiner selbst bewusst zu werden, die eigenen Stärken zu erkennen und diese für die Gestaltung des eigenen Lebens zu nutzen, das ist es, was Empowerment ausmacht.

Zum Abschluss habe ich Hannah noch nach ihrem Geheimtipp für andere Mütter gefragt. Ihre Antwort:
»Es ist ein Tipp, für den mich andere immer wieder belächeln. Suche dir in deiner Wohnung einen Spiegel, schau hinein und sage dir selbst: ›Ich liebe dich. Ich bin stolz auf dich. Du machst das richtig gut.‹ Wenn du das regelmäßig machst, dann wirst du eine innere Zufriedenheit spüren. Du wirst lernen, dich selbst anzuerkennen. Und zwar nicht nur für deine Erfolge, sondern auch für Tage, an denen du nicht produktiv und geduldig warst.«

Mein Tipp für dich

Noch mehr von Hannah siehst und liest du unter **@hannahpanidis** bei Instagram oder du kannst sie mit ihrem Mann Theo hören, im Podcast **»Ohne Worte«.**

5 Tipps für den Mama-Support

So könnt ihr euch in der Mama-Community am besten gegenseitig unterstützen.

1. Verständnis statt Beurteilung

Klingt im ersten Moment selbstverständlich. Doch ist es das wirklich? Andere Lösungen sind ja nicht gleich falsch oder schlechter. Ich denke, der Spruch »viele Wege führen nach Rom« kommt nicht von ungefähr, und vielleicht lernen wir ja sogar noch etwas dabei, wenn wir Verständnis zeigen, statt voreilig oder unnötig zu urteilen.

2. Schenkt euch ein Lächeln

Ein Lächeln kostet nichts und doch ist es so wertvoll. Deshalb: Lächle in die Welt hinaus, wenn du eine müde oder gestresste Mama siehst, schau nicht weg, sondern schenke ihr ein aufmunterndes Lächeln!

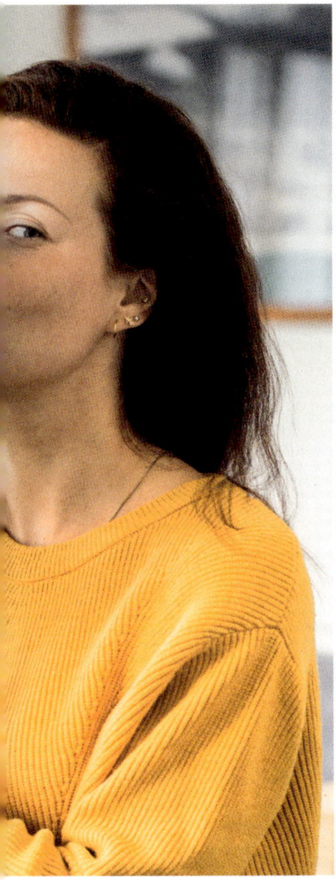

3. Helfen ohne Erwartungen

Wie wäre es, wenn wir einander helfen, ohne zu erwarten, dass von der gleichen Person die exakte Gegenleistung zurückkommen muss?

Jemandem völlig ohne Hintergedanken zu helfen ist wohl eines der schönsten Dinge unserer menschlichen Spezies. Und seien wir mal ehrlich, wir mögen das Gefühl, gebraucht zu werden und die Welt mit unserem Tun und Sein etwas besser zu machen.

4. Neue Formen der Unterstützung

Probier mal etwas völlig Neues aus. Wie wäre es, wenn wir uns in Sachen Einkauf unterstützen oder einfach regelmäßig zusammen zu Abend essen und ihr ladet euch gegenseitig im Wechsel ein? Oder du kochst gleich fünf Liter Suppe und bringst sie deiner Freundin mit? Baue dir dein »Dorf« so, wie es zu dir passt.

5. Wertschätzung füreinander

Was ist der Punkt, den die meisten Mütter am Muttersein beklagen? Richtig: fehlende Wertschätzung! Die meisten Dinge, die Mütter erledigen, werden als selbstverständlich angesehen und nur registriert, wenn sie nicht laufen. Wir retten schließlich nicht die Welt, wenn wir für saubere Wäsche im Schrank oder einen vollen Kühlschrank sorgen.

Wie wäre es, wenn du dir selbst dafür auf die Schultern klopfst und am besten noch deinen Freundinnen gleich mit?! Ruf deine Mama-Freundin an oder schick ihr eine Nachricht und sag ihr, dass sie eine großartige Frau ist!

Deine eigene Reise

Mélissa und mich führte das Schicksal zusammen. Als die Idee zu meinem Buch entstand, erzählte ich jedem ganz aufgeregt davon. Nicht nur Menschen, die ich kannte, sondern wirklich jedem, den ich kennenlernte. Ich war so begeistert davon, dass ich meine Freude darüber einfach teilen musste. So auch an dem Tag, als mir Mélissa als mögliche Kandidatin für mein Projekt vorgeschlagen wurde.

Ich war gerade bei einem Fotoshooting, und da ich meistens Menschen vor der Kamera habe, die es nicht gewohnt sind, fotografiert zu werden, bemühe ich mich immer um eine lockere Atmosphäre. Deshalb unterhalte ich mich die ganze Zeit mit den Menschen vor der Kamera.

Ich erzählte meiner Kundin also von meinem Projekt. Sie sagte sofort: »Eine Freundin von mir wäre perfekt für dein Buch.« Neugierig, wie ich war, schrieb ich ihrer Freundin Mélissa eine E-Mail und wir trafen uns in einem Café. Ihre Freundin hatte nur verraten, dass Mélissa selbst gerade an einem wundervollen Projekt mit dem Namen »It's your journey« arbeitete. Wie passend der Name ist, war mir zu dem Zeitpunkt nicht bewusst.

MÉLISSA THÉLUSMON

Systemischer Coach

37 Jahre / Zwillinge / verheiratet / selbstständig

»It's your journey«

So heißt das Coaching-Programm, mit dem Mélissa Frauen unterstützt, die neu in Deutschland angekommen sind. Sie begleitet sie auf ihrem Weg, ihre Persönlichkeit auch im Ausland frei leben zu können. Was sich im ersten Moment auf naive Weise völlig normal anhört, ist es bei genauerem Hinsehen eben leider nicht.

Als Tochter eines Diplomaten lebte Mélissa in vielen verschiedenen Ländern. Bis zum 18. Geburtstag bereits in sechs unterschiedlichen! Deutschland gehörte auch dazu.

Das war Teil des Spiels: Wenn der Job ihres Vaters rief, packte die komplette Familie ihre Koffer. In Deutschland angekommen, war es definitiv keine Liebe auf den ersten Blick. Es war mehr eine zaghafte Annäherung. Während der Jahre, in denen sie hier lebte, befand sich Mélissa hauptsächlich in einem internationalen Umfeld und die deutsche Sprache war eher ein Muss als ein Wollen. Nach ein paar Jahren kehrte die Familie Deutschland den Rücken und zog an die Elfenbeinküste.

Deutschland – ein Traum?!

»Erst später merkte ich, wie gut mir das Land gefallen hatte. Ich vermisste Deutschland und begann davon zu träumen, wie es wohl wäre, dort zu studieren. Da mich der Gedanke nicht losließ, fing ich an, richtig Deutsch zu lernen, und bewarb mich in meinem Heimatland Gabun für ein Stipendium an einer deutschen Universität. Ich wollte unbedingt Deutsch als Fremdsprache studieren und ein eigenes Übersetzungsbüro gründen. Ich war bereit für meinen Traum.«

In der Gesellschaft profitieren alle davon, wenn jeder Mensch seine Unterschiedlichkeit lebt.

Mélissa bekam ein Stipendium und kehrte nach Deutschland zurück. Sie landete mit einer geballten Ladung an Motivation, Ehrgeiz und Positivität in Köln. Denn schließlich hatte sie sich intensiv darauf vorbereitet, ihren Traum hier zu leben. Dennoch kam alles ganz anders als erwartet.

Plötzlich tauchte da dieses Gefühl auf, fremd zu sein. Obwohl sie ihr ganzes Leben in Ländern verbracht hatte, die nicht ihr Geburtsland waren, wurde sie bis zu diesem Zeitpunkt nie als Migrantin abgestempelt. Migrantinnen sind ja nichts anderes als Frauen, die in ein anderes Land gereist sind und dort arbeiten und leben wollen. Aus unterschiedlichsten Gründen. Doch ist dieser Begriff in vielen Köpfen negativ besetzt.

Und mit genau dieser negativen Sichtweise einer Migrantin hatte sich Mélissa bis dato nie auseinandergesetzt, geschweige denn identifiziert. Doch die äußeren Einflüsse und das Gefühl, fremd zu sein, nagten plötzlich an ihrem Selbstbewusstsein und ihrer Zuversicht. Die Kombination aus erfolgloser Arbeitssuche und Sprachblockaden schürte Selbstzweifel.

Wenn man Mélissa heute anschaut, scheinen diese Bedenken vergangene Dämonen zu sein. Vor mir saß eine Frau, die äußerlich strahlte und vor allem von innen. Sie umgab eine Aura des Urvertrauens, die man kaum erklären kann, und die Offenheit, mit der sie mir von ihren Zweifeln zu Beginn ihrer Reise als Migrantin erzählte, bezeugt nur die unfassbare Stärke, die ihr innewohnt.

Diversifikation ist schlichtweg eine große Bereicherung für die Gesellschaft. Ihre eigene Geschichte hat Mélissa so weit gebracht, dass sie andere Migrantinnen ermutigen will, auch in einem fremden Land, in dem sie Sprache und Kultur erst kennenlernen müssen, ihre Träume zu leben. Und das geht am besten mit einem guten Netzwerk und Mentoring von Frauen, die Ähnliches erlebt haben.

Leider bekommen immer noch viel zu häufig die gut Ausgebildeten hier in Deutschland Jobs, die weit unter ihren Qualifikationen liegen. »Es berührt mich zu sehen, wie Frauen, die früher in Führungspositionen gearbeitet haben, plötzlich vor mir sitzen und sich kleinmachen. So etwas darf nicht passieren.«

Als ich nach dem Termin mit Mélissa nach Hause gefahren bin, war mein Herz voller Dankbarkeit. Ich war dankbar, dass der Zufall uns zusammengeführt hat und sie mir dadurch die Tür zu einer Welt geöffnet hat, die mir so überhaupt nicht bewusst war.

Mélissa hat mir noch einmal verdeutlicht, wie wichtig es ist, dass wir uns gegenseitig unterstützen und offen für Dinge sind, die wir noch nicht kennen. Alles, was ich zum Schluss sagen kann, ist: ***It's your journey!***

Mélissas Vortrag über ihr Leben als Migrantin hat mich sehr beeindruckt.

Kurz & knapp

1. Gleichgesinnte machen das Leben einfach besser und schöner, mit ihnen können wir unsere kleinen und großen Alltagsfreuden teilen, aber auch unsere Herausforderungen. Auch du wirst schnell feststellen: Ich bin ja gar nicht allein mit meinen Sorgen oder mit meinen Glücksmomenten! Auch nicht, was das Thema Einsamkeit angeht.

2. Es gibt viele unterschiedliche Möglichkeiten, den für dich passenden Mama-Buddy zu finden. Mit echtem Interesse an der anderen Person ist das sowohl online als auch offline gar nicht so schwer, wie es sich im ersten Moment anfühlen mag.

3. Falls es nicht das Angebot gibt, wonach du suchst und das du momentan brauchst, setze es einfach selbst um. Wie die anderen Mamas, die ich dir in diesem Kapitel vorgestellt habe.

4. Frage andere um Rat, wenn du nicht weiter weißt. Um Hilfe zu bitten ist genauso stark und mutig, wie sie jemandem anzubieten.

5. Du brauchst keine One-Woman-Show zu sein. Bau dir das »Dorf«, das du brauchst, und vergiss nicht, dabei zu lächeln, denn ein Lächeln baut eine Brücke zu anderen.

Meine Erkenntnisse

zum Thema Netzwerken und Mama-Support

---

1. Netzwerken ist kein Mysterium

Früher dachte ich tatsächlich, es sei eines. Ich machte Dinge, die man eben so macht, ich ging auf Netzwerkveranstaltungen, nur um dann dort erschlagen von den ganzen Eindrücken in der Ecke zu stehen und auf die Uhr zu schauen, wann ich mich verdrücken konnte.

Heute ist das alles anders. Ich habe einen Weg gefunden, wie mir Netzwerken Spaß macht, und erstaunlicherweise funktioniert das ganz ohne Netzwerkveranstaltungen und Small Talk. Ich habe für mich festgestellt, dass ich mein privates, lokales Mama-Netzwerk immer noch am liebsten offline aufbaue, im Businessbereich eignen sich für mich vor allem Weiterbildungen mit Mastermindgruppen, um supercoole Leute kennenzulernen.

Seitdem ich meinen Weg gefunden habe, bedeutet Netzwerken für mich vor allem großartige Gespräche mit interessanten Personen. Ein Austausch unter Gleichgesinnten und immer ohne Hintergedanken. Sich gegenseitig zu unterstützen macht seitdem einfach total Spaß, es ist zu etwas ganz Intuitivem geworden.

2. Um Hilfe zu bitten ist kein Zeichen der Schwäche, sondern eines von Stärke

Mir ist es früher schwergefallen, um Hilfe zu bitten, denn ich hatte erstens Angst vor Ablehnung und zweitens auch Angst davor zu sagen, dass ich etwas nicht schaffe. Doch beide Ängste sind völlig unbegründet, denn abgelehnt wird man nur selten, und selbst wenn, dann hat es in den seltensten Fällen etwas mit einem selbst zu tun. Die Ursache liegt meistens in der Situation. Seine eigenen Schwächen zu kennen und sich in diesen Fällen Hilfe zu holen, ist total stark. Denn das bedeutet, dass man sich selbst gut kennt und offen für eine Weiterentwicklung ist.

3. Glückliche Eltern sind das Rezept für glückliche Kinder

Seine eigenen Regeln des Glücks zu definieren und danach zu leben, ist das Geheimrezept von starken Familien. Da kann es auch sein, dass man lieber auf das gemeinsame Abendessen verzichtet und dafür abwechselnd abends zum Sport geht, weil das zum eigenen Wohlbefinden beiträgt. Es gibt eben kein MUSS in Sachen Familie, auch nicht bei traditionell vorgelebten Dingen wie gemeinsamen Mahlzeiten. Unglaublich befreiend!

Mama … und noch viel mehr

So viele Geschichten, so viele Mamas! Komm mit ins Land der unendlichen Möglichkeiten …

Die Mutterrolle ist die Rolle, über die wir uns in der Rushhour unseres Lebens, wenn unsere Kinder noch klein sind, wohl am stärksten definieren. Dabei gibt es nicht die eine Art, eine Mama zu sein, sondern ganz viele. Egal, ob Vollzeitmama, Unternehmermama oder Großfamilienmama. Mama werden und sein sind immer persönliche Geschichten. In diesem Kapitel erzählen dir zwölf Frauen etwas über ihren individuellen Weg als Mama.

Mama ... und noch viel mehr

Ist dir schon mal aufgefallen, wie viele Mütter ein Profilbild für ihre Social-Media-Kanäle oder bei WhatsApp haben, auf denen sie mit Kind(ern) oder nur die Kleinen allein zu sehen sind? Auch wenn du die digitale Welt verlässt, vor die Tür trittst und neue Frauen kennenlernst: Nach wie vielen Sätzen wirst du von ihnen hören, dass sie Mütter sind?

Auch ich bilde keine Ausnahme. Wenn ich mich mal kurz vorstellen soll, dann kommt meistens: »Hi, ich bin Corinna, Fotografin, MAMA VON ZWEI KINDERN ...« Keine Ahnung, warum ich das immer mache. Ich glaube nicht, dass irgendein Mann auf dieser Welt sich schon mal so vorgestellt hat! Die Frage ist: Warum tun wir Mamas es so häufig? Irgendwie haben wir Mütter einen dicken, fetten Stempel im Gesicht, auf dem steht: »Ich bin Mama.«

Du darfst das nicht falsch verstehen, es ist großartig, dass wir Mamas sind, aber wir definieren uns scheinbar über nichts so stark wie über diese Rolle. Ich könnte mich ja auch mit folgenden Worten vorstellen: »Hi, ich bin Corinna, ein waschechter Bücherwurm mit einer Vorliebe für Pistazienkerne und tiefgründige Gespräche. Am liebsten bin ich am Meer und ich mag es, ständig meine eigenen Grenzen zu sprengen. Ich arbeite als selbstständige Fotografin und Autorin, denn ich habe ein Faible für Menschen. Ich liebe es, ihre Geschichten in Form von Bildern und Texten festzuhalten.«

Ich habe Kinder – mehr nicht

Gleiche Person, ganz andere Wirkung, mein Gegenüber hätte sofort eine Idee davon, was ich mag und ob es vielleicht Anknüpfungspunkte gibt. Trotzdem sprudelt meistens spätestens beim zweiten Satz das Wort »Mama« aus meinem Mund. Der direkte Aussagegehalt davon ist auf den ersten Blick: Ich habe Kinder. Dabei schwingt aber noch so viel mehr mit, beispielsweise: Ich bin belastbar, überfordert, ein Organisationstalent, manchmal schlecht zu erreichen, nicht allein ... eingebunden in ein familiäres Netz und noch so viel mehr. Du solltest dir jedoch sehr darüber im Klaren sein, in welchen Situationen du diese Zusatzinfo anbringen willst, statt sie unbewusst oder unnötigerweise auf dein Gegenüber loszulassen.

Vielleicht hängt das mit der Sache zusammen, dass die Geburt eines Kindes ein so einschneidendes Erlebnis in dem Leben einer Frau ist, dass sie tatsächlich vergisst, wer sie sonst noch ist. Angesichts der Unmengen an To-dos, die sie täglich bewältigt, wäre das auch kein Wunder. Wer Mama ist, kann das hingegen gar nicht vergessen, denn wir werden bestimmt hundertmal am Tag durch die Zurufe unserer Kinder daran erinnert. Selbst die eigenen Verwandten sagen plötzlich nur noch »Mama hat das schon gemacht/Mama kommt gleich«, sobald das Kind anwesend ist. Ist diese Identitätskrise also nur reine Formsache und ein ganz normaler Prozess des Mamaseins?

Ich weiß es nicht. Klar ist mir aber: Egal, ob du Vollzeitmama oder Karrieremama bist, wir alle sind mehr als »nur« Mama. Wir sind Powerfrauen, wir sind Profis in Sachen Krisenbewältigung, Flexibilität und Ausdauer. Und dann kommen noch unsere Talente und Kompetenzen hinzu, die wir schon vor dem ersten Kind hatten! Also hetzen wir manchmal ganz schön getrieben durch den Alltagsdschungel, weshalb wir auch auf uns selbst achten müssen. Unbedingt sollten wir auch unsere anderen Facetten und Rollen, die wir an uns lieben, ausleben. Und zwar ohne schlechtes Gewissen!

Wir alle sind mehr als »nur« Mama.

Nicht so einfach: Bleib du selbst

Liebst du es zu tanzen? Prima, ab mit dir auf die Tanzfläche. Tobst du dich gern kreativ aus? Super, dann stricke, male, fotografiere, bastle, schreibe, was das Zeug hält. Liest du gerne Bücher oder schaust gerne gute Filme an? Hervorragend, dann mach auch das und lies nicht nur die Fachliteratur für deinen Job. Tu dir etwas Gutes. Nicht nur etwas, das erledigt werden muss, sondern tu, was dir Spaß macht!

Spaß und Leichtigkeit, das sind zwei Dinge, die uns im Mama-Alltag manchmal verloren gehen. Wir sind getaktet, verspüren Zeitdruck und manchmal sehen wir überall nur noch Aufgaben und Arbeit ... wir vergessen zu leben. Damit du auch wirklich in Gang kommst und mehr Freude am bewussten Leben hast, gibt es zu Beginn dieses Kapitels erst einmal einen kleinen Mama-Care-Exkurs.

Und so viel mehr: Care!

Die Ausrede Nummer eins für fehlende Spaßaktivitäten: die Zeit. Die wertvollste Ressource, die vielen Menschen ständig zu fehlen scheint. Im Coaching und auch im Business gilt: Zeitmanagement ist zwar ein abschreckendes Wort, es lohnt sich aber, wenn du dich mal darauf einlässt. Mehr zu diesem Thema im Kapitel »Mama sein«, ab Seite 31.

Mit einem guten Zeitmanagement kannst du auch wieder besser auf deine Bedürfnisse hören. Vielen fällt da vielleicht gleich der Sport ein, doch auch Mode hat etwas mit Selbstliebe zu tun. Wenn wir nicht nur darauf achten, dass die Kids schick angezogen sind, sondern auch wir selbst, passiert etwas mit uns! Und was fällt außerdem im durchgeplanten Alltag häufig unter den Tisch? Bereicherung durch Freundschaften und Träume! All das schauen wir uns genauer an, wenn wir in diesem Kapitel in verschiedene Lebensmodelle eintauchen.

Und noch eine kleine Erinnerung: Es gibt nicht den einen Weg, für dich gibt es immer nur DEINEN Weg. Bist du bereit? Na, dann los!

Selbstfürsorge

Zeit für eine Bestandsaufnahme. Wer hat für dich in deinem Leben oberste Priorität: deine Kinder, dein:e Partner:in oder du? Kümmerst du dich genug um dich oder kümmerst du dich nur um alle anderen?

Ich will ehrlich mit dir sein: Lange dachte ich, dass ich ein absoluter Egoist sei, wenn ich meine Bedürfnisse vorziehen würde. Also nicht wirklich Mama-Material. Ich musste erst mühsam lernen, dass das Gegenteil der Fall ist! Auf meinem Weg zu dieser Erkenntnis haben mir folgende Fragen geholfen: Was möchte ich meinen Kindern vorleben? Wann bin ich nach meiner Definition eine gute Mutter?

Dabei kamen mir Gedanken wie beispielsweise: »Ich bin eine gute Mutter, wenn ich entspannt bin und wir eine gute Zeit zusammen haben. Ich bin eine gute Mutter, wenn ich für meine Kinder da bin, ihnen zuhöre und mich liebevoll um sie kümmere.« Und wann bin ich entspannt, gelassen, kann gut zuhören und für andere da sein? Genau: Wenn ich zwischendurch auch Zeit für mich habe.

Ich gehöre zu den Müttern, die verrückt werden, wenn sie am Tag nicht auch mal eine Weile alleine sind. Das müssen keine drei Stunden am Stück sein, aber ich bin einfach eine bessere Mama, wenn ich auch Me-Time habe. Dabei gilt: Eins ist mehr als null. An manchen Tagen sind es nur fünf Minuten Zeit für mich, dafür an anderen Tagen fünf Stunden.

Selbstfürsorge bedeutet nicht, dass man jeden Tag die ultimative Me-Time haben muss, es bedeutet lediglich, dass man auf sich und seine Bedürfnisse achtet. Selbstfürsorge kann umfassen: regelmäßige gesunde, selbst gekochte Mahlzeiten oder Restaurantbesuche mit Freund:innen, ausreichender Wasserkonsum, Bewegung, die Spaß macht, regelmäßiger Schlaf, Erwachsenengespräche, Zeit zum Ausüben von Hobbys, Massage-Auszeiten, Friseurbesuche, Maniküre ...

Es geht darum, Dinge zu tun, die gut für dich sind. Um den Kontakt zu dir selbst nicht zu verlieren. Schreibe eine Liste von Aktivitäten, bei denen oder durch die du dich entspannen kannst. Dann planst du sie regelmäßig ein. Damit das Ganze verbindlich wird, lege sie dir wie einen Termin mit einer anderen Person im Kalender an. Du wirst sehen, Selbstfürsorge macht Spaß und tut nicht nur dir gut, sondern der gesamten Familie. Denn eine glückliche Mama bedeutet meist auch glückliche Kinder und Partner:in.

BOBO
in the Hood

Jana Huhn

Social Media Storyteller & Krankenschwester

29 Jahre / 1 Kind / verheiratet / selbstständig & angestellt

Liebe Jana, du hast deinen ganz eigenen Stil und scheinst ein starkes Bewusstsein dafür zu haben, was dir gefällt und was nicht. Wie wählst du deine Outfits aus?
Ich kann es dir gar nicht so genau sagen. Ich bin wie ein Schwamm, ich sauge alles auf, ob beim Fernsehen, im Internet, in Zeitschriften, auf Pinterest oder Instagram. Durch die verschiedenen Eindrücke entwickeln sich die Ideen zu meinen Outfits quasi wie von selbst. Natürlich gibt es auch bei mir Kombis, an denen ich ständig was ändere und dann zum Schluss doch was ganz anderes anziehe. Etwas, an das ich vorher gar nicht gedacht habe – und plötzlich fühle ich mich pudelwohl darin und behalte es an.

Mein Credo ist: »Wenn du aus dem Haus gehst, musst du das Outfit fühlen.« Wenn du nichts anderes mehr anziehen willst, dann ist es perfekt. Die Kombi zusammenzusuchen ist meistens allerdings total wild. Mein Stil ist ein Mix aus allem: urban, klassisch, sportlich, verrückt, farbenfroh.

Früher fand ich zum Beispiel den Skaterlook richtig cool. Im Sommer merkt man das ab und zu immer noch, dann suche ich meine weiten Hosen und meine Caps raus. Generell mag ich den Oversize- und androgynen Look sehr gerne. Eine Mischung aus Kleidung, die alle Geschlechter tragen können. Es muss sich einfach geil anfühlen beim Tragen.

Wie bist du zu deinem heutigen Stil gekommen, war das ein Entwicklungsprozess?

Total! Ich glaube, dass man in seinen Stil, in jeglicher Art und Weise, hineinwächst. Bei mir hat alles mit den It-Girls in den 2000er-Jahren angefangen. Dann habe ich viel ausprobiert, von Gothic-, Skater- bis hin zum Emolook. Plötzlich hatte ich eine ganz schicke Phase, die dann irgendwie als Hip-Hop-Chic endete. Ich habe wirklich viele Moderichtungen durchgespielt.

Drei Teile (Hose, Top und Tasche) plus Accessoires = fertig ist der Look!

Ich finde, dein Style ist wie deine Persönlichkeit, die ändert beziehungsweise entwickelt sich ja auch im Laufe des Lebens. Mittlerweile habe ich meinen ganz eigenen Style. Wenn ich etwas fühle und wirklich davon überzeugt bin, dann mache ich es einfach, auch in der Mode. Finde ich etwas, das mir total gut gefällt, dann kombiniere ich es mit den Sachen, die ich in meinem Schrank habe.

Hast du dich gefunden, auch im Hinblick auf deinen Style?

Ja, ich hatte ganz lange eine Phase, in der ich mich in eine andere Rolle reingezwängt habe, von der ich dachte, dass sie viel besser zu mir passt. Das gilt auch für meinen Look, doch dann habe ich festgestellt: Das bin ich gar nicht. Ich habe mich unwohl gefühlt.

Ich weiß gar nicht genau, wann der Wendepunkt kam, aber ich glaube, es hatte sehr viel mit der Geburt meines Kindes und auch mit Persönlichkeitsentwicklung zu tun. Heute brauche ich mich nicht mehr zu verstecken für das, was ich bin, und das drücke ich auch über meinen Style aus.

Denkst du, dass Stil und Mode auch etwas mit Selbstliebe zu tun haben?

Ja, auf jeden Fall. Ich hatte früher Kleidergröße 34 und trotzdem hatte ich immer etwas an mir auszusetzen. Ich hatte ein stark verzerrtes Bild von mir selbst, was aber auch die Medien unterstützt haben. In der Schwangerschaft nahm ich dann fast 20 Kilogramm zu und es war klar, dass es in dieser Hinsicht ein »Vorher« und »Nachher« gab.

Ich war gezwungen, mit dem Körper zu leben, den ich nun hatte. Am Anfang war es sehr schwer und ich fand mich ganz hässlich. Ich hatte überall Dellen und Streifen, alles war weich und ich wusste nichts mit mir anzufangen. Das war wirklich schlimm.

Irgendwann habe ich aber gemerkt, dass mir dieser Druck mental überhaupt nicht guttut. Dann habe ich mich hingesetzt und mich gefragt: »Was findest du denn eigentlich so schlimm? Was ist das eigentliche Problem?« Schließlich habe ich erkannt, dass ich nur dachte, ich müsse für die anderen schön aussehen, schlank sein und in Kleidergröße 34 passen.

Janas Motto kann man wohl mit »So what« umschreiben: So bin ich eben!

Ist Mode mehr als einfach mal Klamotten überwerfen, damit man angezogen ist?

Daraufhin habe ich mich nackt vor den Spiegel gestellt und Bilanz gezogen: Was finde ich gerade richtig gut an mir? Ich hatte ein Kind auf die Welt gebracht und ich musste ja gar nicht sofort wieder funktionieren. So kam es auch zu dem Prozess, mit verschiedenen Stilen zu arbeiten. Ich habe beschlossen, darauf zu pfeifen, wenn ich mal Hosengröße 40 kaufe. Die Zahl spielt keine Rolle.

Und so habe ich mich in diese Rolle von Woche zu Woche, von Monat zu Monat hineingefuchst und mir meine Selbstliebe beigebracht. Ich habe es geschafft, mich mit größeren Brüsten, einem größeren Bauch schön zu finden, und einfach angefangen, modisch damit zu spielen. Ich habe versucht, alles so miteinander zu kombinieren, dass ich mich mit den Kilos, die ich jetzt mehr habe, gut fühle. So hat die Selbstliebe bei mir angefangen.

Mode drückt für mich meine Persönlichkeit aus. Ich könnte mir natürlich auch bei jedem beliebigen Anbieter Klamotten kaufen, damit ich etwas zum Anziehen habe. Doch mit meinem Style will ich mich als Person ausdrücken. Nicht immer unbedingt meine Gefühle, aber ich zeige damit mein Wesen. Ich bin ja relativ quirlig, bunt und fröhlich. Das kann ich mit Farben, Formen und Mustern transportieren.

Und natürlich spielt der Tragekomfort auch eine Rolle. Mich wirst du nie in einer Skinny Jeans sehen, darin fühle ich mich einfach unwohl. Ich werde immer diesen Boyfriendstyle tragen, je kastiger, desto besser. So bin ich einfach: locker, leicht, fluffig. Ich spiele mit sämtlichen Dingen. So lebe ich, so bin ich auch im Alltag. Ich habe Spaß an Mode. Mode und kreativ zu sein spielt für mich alles in einen Pott. Mode muss ich leben – und fühlen.

Hat sich dein Konsumverhalten im Laufe der Jahre verändert?
Früher habe ich hauptsächlich Fast Fashion gekauft, wenn am Ende des Monats noch Geld übrig war, auch gerne mal teure Marken wie Gucci. Ich dachte, dass ich mir damit Selbstbewusstsein kaufen kann. Es ging dabei aber immer nur darum, meine leere Seele zu füttern.

Heute gehört der sinnlose Konsum der Vergangenheit an. Ich konsumiere Fair Fashion, aber auch Fast Fashion, denn ich finde überall Inspiration. Doch ich kaufe heute sehr bewusst ein und denke darüber nach, woher die Kleidung kommt und wer sie gemacht hat. Insgesamt kaufe ich minimalistischer und bewusster. Ich greife auch gern Vintageteile aus der eigenen Familie ab. Ich habe ein paar total coole Blazer von meiner Oma im Schrank!

Denkst du, dass die Kleider unsere Stimmung beeinflussen können?
Ja, definitiv. Wenn ich ein Outfit habe, bei dem ich mir denke »Alter, siehst du heute gut aus!«, dann gehe ich erhobenen Hauptes aus dem Haus. Im Stillen rufe ich dann: »Ja, ihr könnt mich alle anschauen, das ist überhaupt nicht schlimm!« Ich finde, dass sich Selbstwertgefühl und Kleidung gegenseitig positiv beeinflussen können.

Wenn du ein Outfit fühlst, hast du eine ganz andere Ausstrahlung, einen anderen Gang und eine andere Körperhaltung. Ich persönlich rede dann sogar freier und flüssiger. Wenn ich Klamotten anhabe, die zwicken, dann bin ich unsicher, dann gehe ich auch ganz anders.

Welchen Rat würdest du Müttern geben, die ihren Stil noch nicht gefunden oder vielleicht zwischendurch verloren haben?
Einfach ausprobieren. Ich sah vor der Schwangerschaft auch ganz anders aus, da war ich das totale Modepüppchen. Heute bin ich deutlich bequemer unterwegs. Es geht ums Experimentieren. In der Findungsphase kann nichts peinlich sein. Nicht zu schick oder zu leger. Nur durch »einfach mal tragen« findet man seinen Style.

Und wenn du etwas anhast, das deinem Partner nicht gefällt?
Ich sag mal so, meinem Mann gefällt keine meiner Hosen. Er hasst High-Waist-Hosen. Er hasst boxy Hosen. Dennoch trage ich sie. Das heißt nicht, dass mir seine Meinung nicht wichtig ist, ganz im Gegenteil. Sie ist mir unglaublich wichtig und es ist schön zu hören, wenn er mich auch schön findet. Doch ich laufe den ganzen Tag in in den Hosen herum. Ich verzichte nicht auf meine kastigen Jeans, in denen ich mich wohlfühle, nur weil er sie hässlich findet. Da muss er dann leider durch.

Mein Tipp für dich

Unter **@vonkopfbisfuss_** kannst du in Janas Welt eintauchen und mehr über ihren Style erfahren.

Welche Aussagen passen zu dir? Kreuze an und werde dir deiner selbst bewusst

- [ ] Ich lege großen Wert auf mein Äußeres und ziehe mich auch gerne für zu Hause schick an.
- [ ] *Kleidung muss für mich in erster Linie praktikabel sein, wenn sie dann noch hübsch aussieht, ist sie perfekt.*
- [ ] ***Seit ich Kinder habe, shoppe ich lieber online.***
- [ ] Vor der Geburt meiner Kinder hatte ich fast täglich High Heels an, jetzt trage ich am liebsten Sneaker.
- [ ] *Ungeschminkt gehe ich noch nicht einmal zur Mülltonne.*
- [ ] ***Es nervt mich, dass ich nur noch Jeans und T-Shirt trage.***

- [ ] *Meinen Kindern kaufe ich ständig neue Sachen, für mich selbst kaum etwas. Verwaschene Slips sind bei mir keine Seltenheit, obwohl ich früher so viel Wert auf schöne Dessous gelegt habe. Das will ich ändern.*

- [ ] **Ich kaufe gerne hochwertige, aber dafür wenige Anziehsachen.**

- [ ] *Mit meiner Kleidung möchte ich meine Persönlichkeit ausdrücken.*

- [ ] ***»No bra« ist wunderbar.***

- [ ] *Um mich gut zu fühlen, brauche ich weder ausgefallene Kleidung noch Make-up.*

- [ ] Meine Toleranz gegenüber Stringtangas ist stark gesunken, seit ich Kinder habe.

- [ ] ***Minimalismus lebe ich auch in Sachen Kleidung.***

- [ ] Durch die Geburt meines Kindes und meine dadurch veränderte Weltansicht lege ich jetzt viel mehr Wert auf Nachhaltigkeit, auch bei Kleidung.

- [ ] ***Ich mag es bunt und ausgefallen.***

ROXANNE SCHMITZ

Stil- und Ausstrahlungsmentorin & Flugbegleiterin

30 Jahre / keine Kinder / liiert / selbstständig & angestellt

Roxannes drei goldene Regeln, um deinen Stil aufzupeppen:

1.

Stelle dir die richtigen Fragen

Wie sieht mein Alltag aus: Bin ich viel zu Hause, im Büro oder draußen? Was macht meine Persönlichkeit aus? Was mag ich gerne: verspielte Kleidung, starke Farben und Muster, mag ich es lieber ausgefallen, auffällig oder minimalistisch und clean? Mit welchen Farben fühle ich mich wohl? Was assoziiere ich mit bequem/unbequem? Diese Fragen helfen dir dabei herauszufinden, welche Ansprüche deine Kleidung erfüllen muss und wie du Mode dazu einsetzen kannst, deine Persönlichkeit nach außen zu tragen.

2.

Schicke deinen Kleiderschrank auf Kur

Ausmisten nach dem Prinzip der japanischen Bestsellerautorin und Ordnungsberaterin Marie Kondō. Das geht so: Lege deine gesamte Kleidung auf einen Haufen. Nimm jedes einzelne Kleidungsstück in die Hand und frage dich: Bereitet mir das Kleidungsstück Freude? Hör dabei nur auf dein Bauchgefühl!

Falls deine Antwort »Nein« lautet, dann lege es auf den »Danke-dass-ich-dich-tragen-durfte«-Stapel. Alles, was dir Freude bereitet, darf zurück in den Schrank. Somit behältst du nur die Kleidung, die dir ein gutes Gefühl vermittelt, was wiederum deine Ausstrahlung steigern wird. Mein Extratipp: Zieh deine Kleidung während des Ausmistens nicht noch mal an. Das spart Zeit und stellt sicher, dass du das Ergebnis nicht verfälschst. Bauchgefühl und Verstand sind nicht immer der gleichen Meinung. Hier lohnt es sich, auf deinen Bauch zu hören.

3.

Superwaffe: Pinterest

Dir fällt es schwer, eigene Outfits zu kreieren oder bestimmte Teile aus deinem Kleiderschrank zu kombinieren? Kein Problem, Pinterest ist dein Ritter in der edlen Rüstung! Da wäre beispielsweise diese Culotte. Was trägt man dazu? Hole dir Inspiration bei Pinterest. Gib einfach »Culotte kombinieren« ein und du bekommst Unmengen an Outfitbeispielen. Was dir gefällt, kommt auf deine Pinnwand.

Mein Tipp für dich

Unter **@unverkennbar_du** kannst du mehr über Roxannes Arbeit als Stilmentorin erfahren. Hier erwarten dich Outfitinspirationen sowie Tipps zum Thema Selbstliebe und Ausstrahlung.

Freundschaften und Träume

Menschen an seiner Seite zu haben, mit denen man die schönsten, aber auch die traurigsten Momente in seinem Leben teilen kann, ist wohl eines der größten Geschenke in diesem Leben.

Während man in eine Familie hineingeboren wird und keine Wahl bezüglich seiner Verwandtschaft hat, sind Freund:innen Menschen, für die wir uns bewusst entscheiden. Menschen, die uns faszinieren, die uns guttun, mit denen wir etwas gemeinsam haben. Doch was passiert, wenn wir uns verändern?

Freundschaften müssen auch flexibel sein, wie das Leben. Manche können das, manche nicht. Ich kann an dieser Stelle nur aus meiner eigenen Erfahrung sprechen. Es wäre gelogen, wenn ich sagen würde, dass

die Mutterschaft meine Freundschaften nicht verändert hätte. Das liegt einfach daran, dass ich mich dadurch verändert habe.

Ich denke, mit Freundschaften ist es wie mit allem im Leben: Du musst wissen, was dir wichtig ist und was dir guttut. Von diesen Dingen holst du dir so viel ins Leben, wie es geht. Pflege die Freundschaften, die dir guttun, und alles andere – lässt du los.

Für mich war dieser Prozess nicht leicht, aber unglaublich wichtig. Vielleicht klingt das im ersten Moment abschreckend, doch eigentlich ist es wunderschön. Weniger Zeit zwingt dich zu einer Auswahl und du wirst sehen, die wirklich guten Freundschaften überstehen viele Veränderungen und auch Phasen, in denen man sich vielleicht weniger sieht und weniger voneinander hört.

Die Freund:innen, auf die es ankommt, bleiben auch weiterhin an deiner Seite. Es sind Menschen, die dir Energie schenken, statt sie zu rauben. Mit diesen Menschen ist alles möglich. Gönne dir immer wieder kleine Auszeiten mit deinen Freunden, du wirst sehen, wie viel Kraft du daraus ziehst!

Auch unser Träumen verändert sich mit der Zeit. Als Kind haben wir diese wundervolle Fantasie zur Verfügung, durch die sich unsere Träume real anfühlen. Wir tauchen innerhalb von Sekunden in eine völlig fremde und neue Welt ohne Grenzen ein.

Irgendwann holt uns das Alter ein und unsere Fantasie wird vom realistischen Denken verdrängt. Wir verlieren die Fähigkeit, grenzenlos zu träumen. Plötzlich gibt es diese Stimme, die sagt: »Nein, das geht nicht.« Wir fangen an, unsere Entscheidungen auf Basis der Vernunft zu treffen. Dann kann es schnell passieren, dass wir in einem Job oder einem Leben landen, das wir eigentlich nicht angestrebt hatten.

Doch weißt du, was das Schöne an Träumen ist? Es ist nie zu spät dafür. Wir müssen uns einfach nur trauen.

Tina Paulus

Freie Künstlerin

48 Jahre / 3 Kinder / verheiratet / selbstständig

Tina, wie fühlt es sich an, wie du plötzlich deine Träume wiederentdeckst und sie schrittweise ins Leben holst?
Häufig fühlt es sich noch beängstigend für mich an. Es ist aufregend und ich fühle mich lebendig. Jeder Tag ist eine Überraschung und voller Freude. Zurzeit ist es noch so ungewohnt für mich, genau das zu machen und zu leben, was meinem Traum entspricht, dass ich mich teilweise frage, ob ich das wirklich »darf«. Also einfach das Leben zu genießen und mit Freude und Leichtigkeit zu leben.

Wie kam es dazu, dass du deine Träume aufgegeben hattest?
Schon als es um die Berufswahl ging, habe ich mich nicht getraut, den ganz großen Traum der freien Kunst zu leben. Stattdessen studierte ich Grafikdesign. Ich fing an, ein bürgerliches Leben zu führen mit all seinen Verpflichtungen, aber auch mit dem Gefühl von Sicherheit. Das führte dazu, dass ich meine Träume verdrängte. Sie bedeuteten für mich Unsicherheit und Risiko. Sobald ich mit meinen Träumen konfrontiert wurde, erkannte ich allerdings schmerzvoll, dass mir etwas fehlte.

Durch die Erdung beim Reiten und Malen ist sich Tina wieder selbst nähergekommen.

Was hat dich wieder an sie erinnert?
Ich hatte mit dem Malen und Reiten aufgehört, um der Unsicherheit oder der Enttäuschung aus dem Weg zu gehen. Ich hatte schlichtweg Angst vor Ablehnung und Angst vorm Scheitern. Die Tiefpunkte in meinem Leben brachten mich jedoch dazu, mich genau diesen Ängsten zu stellen. In meinen Krisen stellte ich fest, dass die Angst des Versagens deutlich weniger schlimm ist als die Angst, nicht »richtig« zu leben. Ich wollte weitermachen beziehungsweise neu anfangen! Dieser Wunsch hat dazu geführt, dass ich wieder anfing, zu reiten und zu malen. Ich kaufte mir ein Pferd und machte mich als Künstlerin sichtbar. Meine Tiere, insbesondere mein Pferd, haben mir letztendlich dabei geholfen, wieder all meine Facetten auszuleben.

Was war die größte Herausforderung für dich und wie hast du sie gemeistert?
Die Grenze im Kopf und die eigenen Glaubenssätze zu überwinden. Sich zu zeigen und sichtbar zu werden, das war auch nicht so einfach. Wenn man die gewohnten Lebens- und Denkweisen verändert, fühlt man sich anfangs einfach unsicher. Die Angst zu versagen wirkt wie eine Blockade. Bei mir sind es die zwei Klassiker der Ängste: Kontrollverlust und sozial ausgeschlossen zu werden (aufgrund der Andersartigkeit – Einzigartigkeit).

Ich habe gelernt, dass diese Ängste zu mir gehören, aber keine Macht über mich haben dürfen. Ich nehme meine Gedanken und Gefühle viel bewusster wahr. Dadurch bin ich ihnen nicht mehr so ausgeliefert.

Was ist dein Tipp an andere Mütter, die ihre Träume (noch) nicht leben?
Die meisten, wenn nicht alle, Begrenzungen erschaffen wir in unseren Köpfen selbst. Sobald wir uns für den eigenen Weg entscheiden, verändert sich alles.

Mach dir vorher klar: Auch dein soziales Umfeld kann sich stark verändern. Neue Freunde, die auch ihre Träume ausleben, kommen dazu. Du solltest dich mit Menschen umgeben, die dich unterstützen. Manche deiner alten Freund:innen ertragen deine Veränderung vielleicht nicht, da sie durch dich mit

Das nennt man wohl Flow! Tina beim Malen zu beobachten war sehr inspirierend.

ihrer eigenen Unzufriedenheit konfrontiert werden. Das sollte dich nicht entmutigen!

Sei ein Vorbild für deine Kinder und zeige ihnen, dass es sich lohnt, für seine eigenen Träume aktiv zu werden. Nur so können sie genau das als eine gute und erstrebenswerte Sache erkennen. Als Mutter ist es wichtig, auch für sich selbst gut zu sorgen. Auch du darfst Spaß und Erfüllung, und zwar ohne Familie im Schlepptau, im Leben haben. Die Mutterschaft ist eine tolle Aufgabe, die du übernommen hast. Dafür steht dir Anerkennung zu und alles Glück und alle Träume dieser Welt.

Mein Tipp für dich

Unter **www.joyanimals.de** erfährst du mehr über Tinas Kunst. Klar, sich als freie Künstlerin selbstständig zu machen, erfordert Mut und natürlich auch das Geschick, sich selbst und seine Kunst zu vermarkten. Wer erst einmal zurück zu den kreativen Wurzeln finden will, findet bei Angeboten wie **www.artnight.com** oder an der Volkshochschule einen ersten Zugang.

Spätes Mamaglück

Wenn man mir vor zwei Jahren gesagt hätte, dass ich mal für einen zweistündigen Termin 17 Stunden Zug fahren würde, hätte ich wahrscheinlich laut gelacht. Für jemanden wie mich, die bei der kleinsten Erschütterung reisekrank wird, lag eine solche Zugfahrt weit außerhalb der Komfortzone.

Ich behaupte jetzt nicht, dass alles total easy war, ganz im Gegenteil. Mein Gehirn ist und bleibt Experte darin, mir vor solchen Terminen immer die verschiedensten Horrorszenarien auszumalen, die ausnahmslos mit dem Tod enden …

Autorin als Groupie unterwegs

Mittlerweile habe ich aber gelernt, meinen Weg trotz Angst weiterzuverfolgen. Für diesen Termin sowieso, denn die Verlegerin Kasia, auch Mitglied im Aufsichtsrat der *FAZ*, ist ein absolutes Vorbild für mich! Sofort würde ich einen Fanclub für sie gründen; meinen »Groupie-Moment« wollte ich also auf keinen Fall verpassen. Ich war vor dem Termin so nervös, dass ich ohne Frühstück mit acht Kilogramm Gepäck zwei Stunden durch Hamburg gelaufen bin, nur um meinen angsterfüllten Gefühlshaushalt in den Griff zu kriegen. Meine Sorge, etwas zu Persönliches oder schlecht Recherchiertes zu sagen, war riesig.

Das Thema für unser Gespräch war Kasias spätes Mutterglück. Sie wurde mit 46 Jahren zum zweiten Mal Mama. Damit zählt sie in unserer Gesellschaft zu den Spätgebärenden. So werden üblicherweise Mütter betitelt, die bei Geburt ihrer Kinder älter als 35 Jahre sind. Schon vorher war mir unwohl: Wie sollte ich diese Tatsache ansprechen? Ich hasse es, Menschen in Schubladen zu stecken, und der Stempel »spätgebärend« fühlt sich durchaus nach einer Schublade an.

Die Frage, die sich mir stellte: Macht es wirklich einen Unterschied, ob man mit 46 Jahren Mama wird oder mit 20 oder 30 Jahren? Für Kasia besteht der Unterschied darin, dass man statistisch gesehen seine Kinder länger auf ihrem Lebensweg begleiten kann, wenn man früher Mutter wird.

KATARZYNA »KASIA« MOL-WOLF

Verlegerin und Editorial Director von »emotion«

47 Jahre / 2 Kinder / verheiratet / selbstständig

»Ich fange manchmal an zu rechnen: Wenn mein Sohn 50 wird, wäre ich 96 Jahre alt. Da müsste ich schon sehr fit sein, um das miterleben zu können. Wenn man diesen Aspekt ausschließt, gibt es wohl nie den perfekten Zeitpunkt, um Mutter zu werden. In jeder Lebensphase gibt es Vor- und auch Nachteile. Ich bin mit 46 Jahren schon im Job gefestigt, meine Mutter war bei meiner Geburt beispielsweise noch im Studium. Das war für sie ganz schön tough, aber auch in meiner Position ist es herausfordernd.«

Mir fiel ein Stein vom Herzen, dass wir den sprichwörtlichen Elefanten im Raum gleich angesprochen hatten. Und ja, als Mutter über 35 oder 40 muss man sich schon mal Gedanken darüber machen, welche Auswirkungen das eigene Alter und die Lebensaussicht auf die Kinder haben können. Aber mal ehrlich, auch für eine 20-Jährige birgt eine Schwangerschaft Risiken und sie muss ein Baby erst mal mit Ausbildung oder erstem Job unter einen Hut bekommen. Kasia hatte mit 46 Jahren eine Bilderbuchschwangerschaft erlebt, während es sich beispielsweise bei meiner zweiten Schwangerschaft mit 28 Jahren so angefühlt hatte, als ob ich jedes Risiko und jede Komplikation durchstehen musste.

Dann sprachen wir darüber, wie es für sie war, noch mal schwanger zu sein. Während für viele eine ausbleibende Periode mit 45 Jahren die Menopause einleitet, bedeutete das folgende Lebensjahr für Kasia die Erfüllung eines Wunsches, den sie zwar nie ganz aufgegeben, aber dennoch nicht mehr aktiv verfolgt hatte.

»Wir haben uns ein zweites Kind gewünscht, aber nachdem ich drei Jahre nach der Geburt unserer ersten Tochter immer noch nicht schwanger wurde, haben zumindest mein Mann und meine Mutter irgendwann nicht mehr daran geglaubt. Ich hatte aber immer dieses Bild im Kopf: Ich stehe vor einem Haus mit einem Baby im Arm und mein Mann kommt mit meiner Tochter auf mich zu.

Ich hatte das Gefühl, dass es egal ist, was die anderen sagen, und dass es schon noch wird, auch ohne es zu planen. Das klingt ganz komisch, aber ich hatte immer diese eine Szene im Kopf. Klar war ich überrascht, als es so weit war, aber ich war auch nicht völlig von den Socken.«

Doch anders als beim ersten Kind behielt sie ihr süßes Geheimnis erst einmal für sich.

»Ich versuche allen Frauen mitzugeben, dass sie lernen, wirklich bei sich zu bleiben.«

Hintergrund-wissen

2019: Alter der Mutter bei Erstgeburt durchschnittlich 30,1 Jahre

2009 zum Vergleich: 28,8 Jahre, laut Statistischem Bundesamt

2018 waren 3 % der erstgebärenden Mütter über 39 Jahre alt.

»Ein Unternehmen durchläuft immer Hoch- und Tiefphasen, und als ich damals erfuhr, dass ich schwanger bin, hatten wir eine sehr anstrengende Zeit mit viel Druck von innen und außen. Als Unternehmerin mit Kind hat man immer einen stressigen Alltag, vor allem wenn beide Elternteile Vollzeit arbeiten. Ich dachte, wenn ich meinem Mann in all dem Stress sage, dass wir ein zweites Kind bekommen, hat er gleich das Gefühl, wir würden das alles nicht schaffen. Und ich musste die Schwangerschaft auch erst für mich verarbeiten. Ein Baby stellt einem ja das ganze Leben noch mal auf den Kopf.«

Doch wie war es für sie, als sie »hochoffziell« damit herausrückte, dass sie noch mal schwanger war? Und wir alle wissen: Egal, ob unser persönliches Umfeld, Arbeitskolleg:innen oder die Gesellschaft als Ganzes, zum Thema Mutterwerden und -sein hat wirklich jede:r eine Meinung. Meistens wird diese auch gerne ungefragt mitgeteilt.

»Es war mir, nachdem ich das mit mir selbst geklärt hatte, völlig egal, was andere sagen würden. Ich habe gelernt, dass ich manche Sachen zwar lese oder höre, aber dennoch nicht kommentiere. Ich versuche allen Frauen mitzugeben, dass sie lernen, wirklich bei sich zu bleiben.

Es ist ihre eigene Entscheidung, wie sie ihr Leben führen, nicht die der anderen. Die anderen müssen und können nicht mein Leben für mich leben. Man sollte andere nicht bewerten, aber sich selbst auch davor schützen, die Flut der Bewertungen zu nah an sich rankommen zu lassen.«

Das war die Stelle im Interview, als ich das Stampfen des Elefanten wieder ganz deutlich hörte. Ich fragte mich, ob das Thema »Mutter mit 46 Jahren« eine Bewertung oder ein Fakt war. Von meiner Seite aus gab es keine Beurteilung der Tatsache, dennoch fühlte es sich komisch an. Ein Punkt, der mich selbst im Nachhinein ganz verrückt macht.

Wie werde ich das Bewerten los?

Ich wollte von Kasia wissen, wie sie Bewertungen von sich abprallen lässt, und auch, wie sie es selbst schafft, andere nicht zu bewerten. »Ich glaube, das muss man einfach immer wieder üben. Irgendwann ist man dann so weit. Einige haben das schnell drauf, andere nicht. Ich habe lange dafür gebraucht. Seit ungefähr vier Jahren bin ich aber sehr gut darin, doch es gibt trotzdem noch Momente, in denen ich denke: Warum sagt sie jetzt so etwas, oder warum kommentiert sie das jetzt?

Durch Glaubenssätze und die Tatsache, dass es wirklich egal ist, was die anderen sagen, habe ich es geschafft. Es ist mein Leben und es hilft mir nicht, wenn andere es gut oder schlecht finden. Ich muss es gut finden, so wie ich es lebe. Wenn ich es nicht gut finde, muss ich etwas daran ändern. Diese Überzeugung ist mittlerweile in mir sehr tief verwurzelt, aber auch ich habe Momente, in denen ich unsicher bin.«

Das war auch eines meiner wichtigsten Learnings aus dem Gespräch mit Kasia. Sie hat mir wieder sehr deutlich vor Augen geführt, wie wichtig es ist, bei sich zu bleiben, der eigenen Intuition zu folgen und sich selbst zu vertrauen, auch wenn das engste Umfeld oder die sogenannten Expert:innen anderer Meinung sind. Das ist nichts, was von heute auf morgen funktioniert, es ist ein andauernder Prozess.

Das ist wahre Frauenpower!

Wir müssen wieder lernen, unsere innere Stimme zu hören und ihr auch zu vertrauen. Gleichzeitig sollten wir andere nicht bewerten oder Beurteilungen von außen an uns rankommen lassen. Stattdessen sollten wir uns gegenseitig unterstützen, sodass wir voneinander lernen können.

Von Kasia habe ich persönlich ganz viel gelernt. Am meisten beeindruckt hat sie mich, indem sie einfach ein wirkliches Vorbild ist. Sie weist ihre Gegenüber nicht auf die eigenen Fehler hin, sondern beleuchtet das Positive, sodass jeder automatisch dazulernt. Wenn ich sie noch mal treffe, lasse ich den Elefanten einfach zu Hause. Denn lassen wir die störenden Schubladen geschlossen, können sie unsere Gefühle auch nicht beeinflussen.

Zum Abschluss wollte ich von ihr noch wissen, wie sie Familie und Beruf momentan unter einen Hut bekommt. Ob sie sich ab und zu zerrissen fühlt? »Die Vereinbarkeit von allen Lebensbereichen ist aktuell der Horror. Ich finde, mein Leben besteht aus Terminkalender und WhatsApp-Gruppen, eine wahre Organisationswut. Es ist schrecklich, nicht einfach mal so in den Abend leben zu können, ohne mich mit meinem Mann, der Babysitterin oder der Mahlzeit meines Sohnes abgestimmt zu haben. Aber es ist machbar und die Horrorzeiten gehen auch vorbei. Es lohnt sich trotz allem.

Auf keinen Fall möchte ich Frauen das Gefühl geben, dass Beruf und Familie nicht gleichzeitig machbar sind, weil es zu anstrengend ist. Es ist nämlich auch wahnsinnig großartig, dass ich Unternehmerin, Mutter, Ehefrau und Freundin sein kann. Was das Thema Zerrissenheit angeht, bin ich davon überzeugt, dass jede Frau, die mehr als eine Rolle lebt, sich zwischen ihren Rollen zerrissen fühlt. Es ist nur wichtig zu wissen, dass es den anderen genauso geht!

Man ist nicht die Einzige im Stress, der gehört in dieser Zeit einfach dazu. Für mich persönlich ist auch diese Zerrissenheit ein Teil der heutigen Mutterrolle.«

Ich weiß nicht, wie es dir geht, aber für mich war es Balsam für meine Seele zu hören, dass sich selbst eines meiner großen Vorbilder ab und zu zerrissen fühlt.

Mein Tipp für dich

Wenn du mehr über Kasia erfahren möchtest, dann schau doch mal auf ihrem Instagram-Account **@kasia_inspired** vorbei. Unter **www.emotion.de** findest du viele spannende Artikel, die nur darauf warten, dich zu ermutigen, deinen eigenen Weg zu gehen.

Bei welchen Erkenntnissen

und Überlegungen aus diesem Buch kannst du dich wiedererkennen?

Freund:innen sind Menschen, die dir Energie schenken, statt sie zu rauben. Mit diesen Menschen wird alles möglich.

»Das größte Glück trägst du in dir.«

Es ist nicht wichtig, welche Kleidergröße du trägst, sondern wie du sie trägst.

»Lange dachte ich, wenn ich meine Bedürfnisse ganz nach oben stelle, bin ich ein absoluter Egoist.«

Man sollte sich nicht von der Angst antreiben lassen, denn die ist ein sehr schlechter Motor.

Es ist mein Leben und es hilft mir nicht, wenn andere es gut finden.

»Durch **mein Kind** wurde mir **bewusst,** dass im Leben nichts **selbstverständlich ist.**«

Zerrissenheit ist ein Teil der heutigen Mutterrolle.

»Nur weil ich **Mutter bin,** muss ich ja nicht **zu Hause bleiben.**«

»Durch diese bedingungslose **Liebe** der **Kinder** habe ich gemerkt: Ich bin ja **doch toll.**«

Wenn mir bewusst wird, dass mein Leben durch die Meinung anderer weder an Wert verliert noch gewinnt, sind das Momente der Freiheit.

Daniela Maniva Melo

Bloggerin

40 Jahre / 2 Kinder / verheiratet / selbstständig

Liebe Daniela, du bloggst seit Jahren erfolgreich, auch über eure Regenbogenfamilie. Ist es dir anfangs schwergefallen, deiner »bunten« Lebensart eine öffentliche Stimme zu verleihen?
Ja und nein. Schwergefallen ist es mir nur, weil unser Familienleben eigentlich total normal ist. Den Aspekt der Regenbogenfamilie findet man nicht zwangsweise bei allen Themen wieder – wir als Familie sind auch nicht anders, es funktioniert ja im Prinzip alles genauso.

Wie sah euer Weg zum Baby aus?
Wir haben einen gemeinsamen Freund, zu dem wir ein sehr vertrauensvolles und enges Verhältnis haben, gefragt, ob er unser Samenspender werden möchte. Anfangs haben wir es sehr regelmäßig mit der sogenannten Bechermethode versucht. Daraus wurden zwei frustrierende Jahre. Danach haben wir uns erst einmal andere Träume erfüllt. Sind ins Grüne gezogen, ein Hund wurde Teil unserer Familie, wir sind viel gereist und haben einfach das Leben als Paar genossen.

Hintergrundwissen

Die Kosten für eine künstliche Befruchtung übernehmen die Krankenkassen laut aktuell geltendem § 27a (4) Sozialgesetzbuch, wenn »ausschließlich Ei- und Samenzellen der Ehegatten verwendet werden«. Im Jahr 2018 brachte die Fraktion BÜNDNIS 90/DIE GRÜNEN einen Gesetzentwurf zur Änderung dieser Rechtslage ein: Noch ist nichts geschehen.

Irgendwann waren wir dann wieder so weit und starteten erneut. Zuerst wollten wir wissen, ob es medizinische Gründe dafür gab, dass es nicht funktioniert hatte. Anfangs gab es Ärzte, die richtig taktlos fragten: »Warum probieren Sie das nicht auf dem normalen Weg, wenn es per Bechermethode nicht klappt?«

Irgendwann haben wir dann eine gute Ärztin gefunden. Nach ein paar Tests war klar, dass ich nicht ohne medizinische Unterstützung schwanger werden konnte.

Dann haben wir angefangen, uns mit dem Gedanken an künstliche Befruchtung auseinanderzusetzen. Grundsätzlich gibt es in dieser Hinsicht rechtlich immer noch zahlreiche Grauzonen und Unsicherheiten.

»Warum **probieren** Sie das nicht auf dem **normalen Weg** ...«

Wie habt ihr es letztendlich gemacht?
Wir blieben bei unserem gemeinsamen Freund als Samenspender. Wir wollten keinen anonymen Spender, weil ich selbst meinen Vater auch nicht kenne.

Da der Spender und ich schon älter waren, wurde sein Spermium direkt in meine Eizellen injiziert. Nach mehreren Versuchen und einer unfassbar nervenaufreibenden Zeit, die irrsinnige Kosten, Unmengen an Arztterminen, eine intensive Hormonbehandlung mit täglichen Spritzen, häufige Vollnarkosen und ständiges Daumendrücken umfasste, wurden die befruchteten Eizellen wieder eingesetzt.

Wie hast du diese Zeit erlebt?
In dieser Kinderwunschzeit wurde uns mit einem Schlag bewusst, wie sehr Regenbogenfamilien benachteiligt werden, was die Familienplanung angeht. Denn die immensen Kosten werden in Deutschland von den Krankenkassen zwar für verheiratete Paare übernommen, aber nicht für verheiratete lesbische Paare.

Hinzu kommt noch, dass meine Frau nach der Geburt ihr lang ersehntes Wunschkind langwierig adoptieren musste. In einer heterosexuellen Ehe dagegen ist der Vater vor dem Gesetz stets der Mann, der zur Geburt mit der Mutter verheiratet ist, selbst wenn er nicht der leibliche Vater ist.

Geholfen hat mir die Zuversicht, dass es irgendwann klappen wird. Dass dieser Zustand nicht von Dauer sein wird.

Wie lief das dann mit der Adoption?
Man muss eine Eingewöhnungszeit abwarten, bis ein Kind adoptiert werden kann, bei uns sind 16 Monate vergangen. In der Zeit mussten wir einmal zum Jugendamt gehen und einmal kam das Jugendamt zu uns nach Hause. Eine Erfahrung, die sich auf allen Ebenen komisch und falsch anfühlt. Immerhin haben sie das sehr nett gemacht. Trotzdem habe ich mich beäugt gefühlt und hielt die Prozedur für überflüssig. Zu wissen, bei dieser wichtigen Entscheidung möglicherweise der puren Willkür der Behörden ausgesetzt zu sein, war sehr schwer.

Außerdem gibt es wahnsinnig viel vorzubereiten, viele Unterlagen wie Motivationsschreiben, polizeiliches Führungszeugnis, Einkommensnachweise ...

Was wäre geschehen, wenn mir etwas bei der Geburt oder während der Eingewöhnungszeit passiert wäre? Dann hätte das Kind einen Vater, aber meine Frau das sogenannte kleine Sorgerecht, wie bei einem aktiv erziehenden Stiefelternteil, gehabt. Der Spender hätte es sich mit der Adoptionsfreigabe anders überlegen können. Bei einer Trennung von meiner Frau hätte ich den Spender in die Unterhaltspflicht nehmen können.

Natürlich kann man das Ganze mit Vollmachten in Grenzen halten, aber wenn es um Unterhaltsfragen geht oder um Grundrechte des Kindes, dann hat das Gesetz immer Vortritt vor der Vollmacht. Das hat uns wirklich Angst gemacht.

Der Termin beim Jugendamt kam mir dann absurd vor. Der Kleine hatte sich wehgetan und ich bin zu ihm gegangen, habe ihn getröstet und sofort dachte ich: Hätte meine Frau das lieber machen sollen, habe ich ihn zu viel oder zu wenig getröstet? Diese ständige Angst vor einer schlechten Bewertung! Bei jedem Wort fragt man sich, ob das einen Einfluss auf die Entscheidung hat.

Bei unserem zweiten Sohn waren wir zwar schon alte Hasen; die Angst, als »unpassende Eltern« beurteilt zu werden, schwebte aber wieder über dem Amtstermin.

Wissen eure Kinder, wer der biologische Vater ist?
Wir haben die für uns perfekte Lösung gefunden. Wir machten uns sehr lange viele Gedanken, wie wir damit umgehen wollen. Wir wollten vermeiden, dass unser Kind irgendwann fragt, wer sein Vater ist, und wir dann sagen: »Ach, das ist der Freund, der uns immer zu Hause besucht und den du so gerne magst.« Wir haben darauf geachtet, dass wir ihm kein Wissen aufdrängen, für das er noch nicht bereit ist.

Irgendwann hat der Große in der Kita mitbekommen, dass andere Kinder eine Mama und einen Papa haben. Er hat dann immer wertlos von Mama und Papa erzählt und da haben wir ihm gesagt: »Ach, wusstet du, dass du auch einen Papa hast?«

Wir wollten ihm die Sicherheit geben, dass er einen Papa hat. Er lebt mit seinen zwei Mamas zusammen, aber wenn er einen Papa braucht, hat er auch den. Er nennt seinen leiblichen Vater aber beim Vornamen. Das Wort Papa ist bei uns nicht präsent.

Was ist dein Geheimtipp für andere Mütter?
Das größte Glück trägst du in dir. Manchmal findest du es nicht auf Anhieb, aber es ist da.

Mein Tipp für dich

Auf **www.siebenkilopaket.de** bloggt Daniela über ihr buntes Leben mit Regenbogenfamilie und über wunderschöne DIY-Projekte.

HANNAH SCHLUTIUS

Mama & Einzelhandelskauffrau

35 Jahre / 5 Kinder / verheiratet / Vollzeitmama

Groß-familienleben

Wie ist es wohl, wenn man fünf Kinder hat?«, diese Frage geisterte mir am häufigsten durch den Kopf, als ich auf dem Weg zu Hannah war. Es war das letzte Interview auf meiner Tour durch Süddeutschland. Ich war gespannt, was mich bei diesem Termin erwarten würde. Klar, auf Instagram folgte ich ihr schon eine Zeit lang, aber ehrlicherweise sieht man dort immer nur gefilterte Ausschnitte des jeweiligen Lebens, die meist sehr bewusst ausgewählt wurden.

Von Inspiration, Magie und Aufgabenbereichen

Bei einem geplanten Interviewtermin bekommt man zwar auch nur das zu sehen und zu hören, was die Menschen zeigen wollen. Doch ich persönlich kann vor Ort trotzdem ein besseres Gefühl für die Person selbst entwickeln. Wer Menschen im echten Leben begegnet, kann so viel mehr an ihnen entdecken! Gestik, Mimik, die ganze Energie, die Art zu sprechen, zu lachen … oder auch einfach den zwischenmenschlichen Beziehungen nachspüren. Ich finde es jedes Mal superspannend und es ist ein absolutes Privileg für mich. Es ist pure Magie.

Als ich vor Hannahs Haus stand, war mir klar, dass dieser Termin höchstwahrscheinlich sehr inspirierend werden würde. Das erste gedankliche »Wow« durchfuhr mich, als ich den Vorgarten betrachtete. Dort lag ein alter orientalisch gemusterter Teppich, auf dem ein riesiger Gartentisch stand, samt Tischdecke und Blumen. Die Szene wurde von einem wunderschönen Baum regelrecht eingerahmt. Nachdem ich dieses idyllische Bild auf meiner imaginären Pinnwand festgehalten hatte, wurde ich auch schon herzlich begrüßt und ins Haus gebeten.

Für jemanden wie mich, die eine absolute Niete in Sachen Namen ist, waren sieben auf einen Streich eine echte Herausforderung. Ich war froh, dass meine Art der Fotografie losgelöst von Anweisungen funktioniert und ich so die Kinder einfach beim Spielen beobachten konnte. Als ich den Fünfen so zuschaute, war ich von ihrer Harmonie im Spiel völlig fasziniert.

Wie sie alle den Alltag mit fünf Kindern wohl meistern? »Wir sind einfach gut organisiert und gleichzeitig entspannt. Alle Kinder haben kleine Aufgaben. Der Vorteil davon ist, dass sie so weniger Zeit zum Streiten haben, weil sie weniger Spielzeit haben. Das hört sich jetzt unglaublich streng an, aber das ist es gar nicht. Wenn sie diese Aufgaben haben, dann schätzen sie ihre freie Zeit viel mehr wert.«

Als es später ans Aufräumen ging, machten tatsächlich alle weitgehend freiwillig mit – und ich dachte schon wieder: »Wow!« Allerdings: »Wenn ich sie lassen würde, dann würden sie von einem Raum in den nächsten ziehen und so schrittweise alles verwüsten, weil sie lieber in aufgeräumter Umgebung spielen. Wenn ich mit ihnen gemeinsam aufräume, klappt es besser. Wobei die Großen das auch schon gut alleine können.

Es funktioniert wohl so gut, weil wir es häufig machen. Als ich bemerkte, dass ich nur noch am Putzen und Aufräumen war, habe ich zu den Kindern gesagt, dass es so nicht weitergeht. Einfach, weil wir sonst nie was gemeinsam machen können. Wenn die Kinder mit aufräumen, muss man aber auch damit leben, dass es nicht immer so aussieht, als hätte man es selbst gemacht.

Hannah ist mit ihren Fünfen gern draußen, doch auch Rückzugsorte gibt es für alle.

Kinder haben einfach eine ganz andere Vorstellung von Ordnung.«

Lass Gelassenheit in dein Leben

Die allgemeine Grundstimmung in Hannahs Haus kann ich guten Gewissens mit »purer Gelassenheit« umschreiben. Natürlich nicht mit totaler Stille verbunden, das wäre bei fünf Kindern auch mehr als seltsam, aber es herrschte eine besondere Atmosphäre. Für mich ist Gelassenheit ein Wort, das Hannah ganz gut beschreibt. Sie kam mir sehr geerdet vor, völlig bei sich. Und ihr ist es egal, was andere über sie sagen oder denken könnten. Sie macht die Dinge auf ihre Art – echt stark.

Nachdem die Kinder zum Spielen rausgegangen waren, nutzte ich die Gelegenheit und löcherte Hannah mit all meinen Fragen. Ich wollte wissen, ob sie schon immer eine Großfamilie wollte, und erstaunlicherweise sagte sie Nein. Ihr war klar, dass sie mehr als zwei Kinder wollte, aber die Anzahl fünf war zu Beginn sehr abstrakt.

Mit 22 Jahren wurde sie zum ersten Mal Mama. Damals war geplant, dass sie nach einem Jahr wieder anfängt zu arbeiten, doch es kam anders. »Wir haben einfach festgestellt, dass das nichts für uns ist. Ab Kind Nummer drei haben wir erkannt, dass unsere Kinder etwas länger brauchen, bis sie bereit sind für den Kindergarten. Die Jüngeren gehen deshalb erst mit 3 ½–4 Jahren in den Kindergarten und ich habe festgestellt, dass die zusätzlichen 6–12 Monate wichtig sind, damit sie sich besser von mir lösen können.

Mittlerweile bin ich nun seit zwölf Jahren Vollzeit zu Hause, obwohl ich anfangs nicht wusste, ob ich das überhaupt schaffe. Mit der Zeit hat sich aber herausgestellt, dass dieses Familienmodell optimal zu uns passt und wir alle es gut finden. Ich mache mir auch keine Sorgen darüber, was ich mache, wenn die Kinder mal groß sind. Ich weiß genau, welche Talente und Kompetenzen ich habe, und bin mir sicher, dass ich immer wieder einen Job finde.«

Fünfmal immer wieder Neues … zum Glück lernen auch die Kleinen von den Großen!

Große Familie, große Herausforderungen?

Ich musste sofort an meine Zeit zu Hause mit Kleinkind denken. Wie sehr ich mich darauf gefreut hatte, als ich wieder arbeiten konnte! Für mich war diese Zeit schon mit zwei Kleinkindern sehr herausfordernd. Ich fragte sie, worin Hannahs größte Herausforderung bestand.

»Anfangs hatte ich praktisch nichts anderes mehr als die Kinder. Anders als im Job bekommt man ja als Mama selten Lob für die geleistete Arbeit. Dein Feedback bekommst du, wenn deine Kinder erwachsen sind, aber dafür braucht man einen langen Atem. Ich habe das Thema zu Hause angesprochen und jetzt bekomme ich mehr Anerkennung von meinem Mann.

Dann gab es eine Phase, in der ich so gar keine Zeit für mich allein hatte, und jetzt gerade fällt es mir an manchen Tagen schwer, allen Kindern gerecht zu werden. Die Bedürfnisse meiner Kinder sind total verschieden, die Spanne von zwölf bis zwei Jahren ist riesig.« In Sachen Me-Time hat sie es mittlerweile akzeptiert, dass ihre Erholungsphasen im Alltag immer nur kurz sind, auch wenn vier von fünf Kindern bereits in Schule und Kindergarten sind. Organisation und Haushaltsführung einer siebenköpfigen Familie sind und bleiben zeitintensiv. Hannah hat mit den Jahren gelernt, wie sie kurze, aber bewusste Auszeiten, wie etwa eine genussvolle Tasse Kaffee oder ihr tägliches Sportprogramm, zum Aufladen ihrer eigenen Akkus nutzen kann.

Das Beste zum Energietanken ist für Hannah und ihre Familie immer noch Urlaub. Egal, ob Berge oder Meer: Hauptsache, neue Eindrücke sammeln und gemeinsam etwas erleben, Erinnerungen schaffen und so auch den Familienzusammenhalt stärken.

Zum Abschluss wollte ich ihren Geheimtipp für andere Mütter erfahren: »Entspanntheit, sich von den eigenen und auch fremden Vorstellungen loslösen. Meistens läuft es sowieso anders, als man vorher denkt. Hört auf euch und auf die Bedürfnisse des Kindes, nicht auf die Bedürfnisse der Gesellschaft. Man sollte seine Kinder nicht aus den Augen verlieren und sich nicht von der Angst antreiben lassen, denn die ist ein sehr schlechter Motor.«

Mein Tipp für dich

Unter **@hannahsfavorites** kannst du auf Instagram noch mehr über das Leben von Hannah als Mama von Fünfen erfahren.

Kerstin Lüking

Hebamme, Autorin & Unternehmerin

---

47 Jahre / 7 Kinder / verheiratet / selbstständig

Liebe Kerstin, bitte erzähle kurz, wer du bist und was du machst.

Ich bin Kerstin Lüking, 47 Jahre alt, seit fast 21 Jahren freiberuflich als Hebamme tätig und ich habe irgendwie »ständig« Kinder bekommen. Seit meinem 21. Lebensjahr bin ich Mutter, und das sehr gerne. Mit Leidenschaft, genauso wie ich immer mit Leidenschaft als Hebamme arbeite. Ich finde es schön, dass bei mir alles ineinander übergeht, meine privaten Erfahrungen, die ich mit meinen eigenen Kindern gemacht habe, sind auch eine Bereicherung für meinen Beruf und umgekehrt.

In welchem Abstand hast du deine Kinder bekommen?

Von der ersten zur zweiten Tochter waren es acht Jahre, das hat aber auch damit zu tun, dass meine erste Tochter aus der ersten Ehe stammt. Diese Ehe ist kaputtgegangen. Dann habe ich meinen zweiten Mann kennengelernt. Mit ihm habe ich sechs Kinder, die kamen relativ schnell hintereinander auf die Welt. Mit einem Abstand von 18–22 Monaten.

In dieser Zeit war ich entweder schwanger oder stillte. Das hat bei einigen zu Unverständnis geführt, vor allem im Dorf. In Berlin, wo wir seit zwei Jahren wieder wohnen, ist alles anonymer und es interessiert hier niemanden, wie viele Kinder du hast. Du kannst in Berlin selbst im Schlafanzug in der U-Bahn sitzen, das kratzt hier keinen.

Mama-Exklusivzeit, bei sieben Kindern eine echte Herausforderung, aber auch ein echter Genuss für alle.

Du hast deine erste Tochter bekommen, als du noch Studentin warst. Anschließend hast du eine Ausbildung zur Hebamme gemacht. Wie ließen sich in dieser Zeit Beruf und Familie miteinander vereinbaren?
Als ich zum ersten Mal Mutter wurde, studierte ich noch Jura und Psychologie, das ließ sich ganz gut vereinbaren. Ich hatte meine Tochter im Tragetuch mit an der Uni. Irgendwann fühlte sich das Studium aber nicht mehr richtig für mich an und ich brach es ab. Danach machte ich eine Ausbildung zur Hebamme. Die ließ sich mit den achtstündigen Diensten und zusätzlichen zwei Stunden Fahrtzeit täglich allerdings viel schwerer in unseren Alltag einfügen als ein Studium. Mein Mann und ich haben zwar viel als Paar hinbekommen, doch ohne unsere Eltern hätte das nicht funktioniert. Meine Mutter hat mich in dieser Zeit sehr unterstützt. Rückblickend waren das schon drei harte Jahre.

Wie war es bei deinen anderen Kindern, wurden die auch schnell fremdbetreut?
Ich habe meine Kinder eigentlich durch die Bank weg früh fremdbetreuen lassen, bis auf den sechsten, bei ihm habe ich mir mal ein Jahr lang Auszeit gegönnt, aber sonst habe ich immer durchgearbeitet. Ich arbeite wirklich sehr gern und ich habe auch immer viel gearbeitet. Doch dadurch wurde ich bei manchen zur Zielscheibe. Oft kommen dann diese Sticheleien: »Erst setzt du Kinder in die Welt und jetzt arbeitest du so viel.« Ich muss da immer schlucken.

Nur weil ich Mutter bin, muss ich ja nicht zu Hause bleiben! Ich muss darauf achten, dass ich glücklich bin, und das bin ich, wenn ich arbeite. Das ist einfach mein Naturell. Ich bin keine schlechte Mutter, wenn ich meine Kinder fremdbetreuen lasse. Viel wichtiger ist, dass sie eine zufriedene Mutter haben und dass wir die Zeit, die wir zusammen haben, so entspannt wie möglich miteinander verbringen. Ich freue mich besonders, dass meine Kinder sehr selbstständig sind. Das ist ein guter Nebeneffekt unseres Lebensmodells.

Hat man als Vollzeit-Selbstständige und siebenfache Mama auch irgendwann noch Zeit für sich?
Manchmal mehr, manchmal weniger. Ich brauche unbedingt abends, wenn alle im Bett sind, eine Stunde Ruhe. Dann habe ich Zeit nur für mich: keine Kinder, keine Arbeit. Dann kann ich auch sehr ungehalten werden, wenn eines noch mal aus dem Bett krabbelt und sich mit Durst- oder Hungergefühlen vor dem Einschlafen retten will. Diese Stunde brauche ich wirklich für mich.

Meine Woche ist sehr durchorganisiert. Das liegt auch daran, dass mein Mann nicht in Berlin arbeitet und ich die Woche über mit den Kindern alleine bin. Ich bin sozusagen an fünf Tagen alleinerziehend. Dann muss unser Leben zwangsweise einem Takt folgen. Und ich habe ja nicht nur meine Arbeit als Hebamme: In meiner eigenen Agentur berate ich große Firmen rund um die Mutter-Kind-Themen. Ich schreibe Bücher. Einerseits ist es viel Arbeit, aber andererseits macht mir das so viel Spaß und ich schöpfe daraus meine Kraft.

Wusstest du von Anfang an, dass du mal eine Großfamilie haben möchtest?
Tatsächlich ja, mir war das schon immer klar. Ich bin Einzelkind – total ätzend. Alle hatten ihre Erwartungen, und zwar nur an mich. Ich sollte mein Abitur machen und studieren. Als ich das Studium abgebrochen habe, ist für einen Teil meiner gesamten Verwandtschaft eine Welt zusammengebrochen.

Auf mir lastete immer unglaublich viel Druck und das hat mich ein Leben lang begleitet. Es hat mich in den Perfektionswahn getrieben, was ich erst jetzt, mit Ende 40, ablegen kann. Es stand also für mich von vornherein fest, dass ich eine große Familie haben will. Durch meinen Beruf als Hebamme lernte ich gerade in Bayern viele Familien kennen, die das fünfte oder sogar siebte Kind erwartet haben. Das hat mich irgendwie gereizt. Diese besondere Großfamilienatmosphäre, wenn jeder auf jeden aufpasst, das finde ich großartig.

Das ist auch etwas, was ich heute an meinen Kindern beobachte: Sie haben diese unglaubliche Sozialkompetenz. Das soll jetzt nicht heißen, dass bei uns immer eitel Sonnenschein ist. Sie sind jetzt alle mehr oder minder in der Pubertät und hier wird ordentlich gekämpft. Toll finde ich, dass sie trotzdem, wenn es hart auf hart kommt, immer füreinander einstehen.

War für dich klar, dass du sieben Kinder haben möchtest?
Das hat sich so entwickelt. Ich war jedes Mal sehr gerne schwanger und irgendwie hatte ich immer das Gefühl, ich bin noch nicht fertig. Ich kann es nicht beschreiben, es war wie ein »da kommt noch etwas«. Es kam auch tatsächlich immer noch was ... Nach dem siebten Kind war es anders. Danach wusste ich, jetzt ist Schluss. Mein Körper hat mir auch signalisiert: Er kann nicht mehr. Ich glaube, dass ich auch aus diesem Grund nie wieder schwanger geworden bin, obwohl wir nicht verhüteten.

Nur weil ich Mutter bin, muss ich ja nicht zu Hause bleiben!

Wie war das für deinen Mann, war ihm klar, dass du so viele Kinder möchtest?
Er hat sich mit der Zeit seinem Schicksal gefügt. Ich glaube nicht, dass ihm zu Beginn schon klar war, dass ich so viele Kinder wollte. Mit zwei Kindern wäre er wohl auch zufrieden gewesen. Letztendlich hätten wir verhüten können, das haben wir aber nicht – sozusagen ein stilles Einverständnis.

Tatsächlich hatten wir nach Kind drei für ihn und Kind vier für mich jedes Mal Diskussionen, wenn ich ihm gesagt habe, dass ich wieder schwanger bin. Für ihn stand zuerst immer die Frage im Raum, ob wir das schaffen, auch rein finanziell. Die Freude kam erst zwei oder drei Tage später. Er musste die Neuigkeit immer erst sacken lassen. Beim siebten Kind hat er schon schwer gekämpft. Wir lebten zu der Zeit in Nordrhein-Westfalen, er hatte gerade einen Job in Süddeutschland angenommen. Das bedeutete, dass ich für ein Jahr, während der Probezeit meines Mannes, mit sechs Kindern, ohne Großeltern und Mann vor Ort zurechtkommen musste, bis wir umziehen konnten.

Fühlst du dich manchmal zerrissen zwischen all diesen Rollen?
Ja, total. Es wäre gelogen, wenn ich Nein sagen würde. Ich liebe meine Familie über alles, aber ich würde mir an der einen oder anderen Stelle mehr Verständnis wünschen. Insbesondere von den größeren Kindern. Natürlich gehe ich gerne arbeiten, aber ich muss auch arbeiten gehen. Wir könnten uns das alles nicht leisten, wenn ich nicht arbeiten würde.

Andererseits will ich auch arbeiten. Es ist mir ganz wichtig, dass meine Töchter sehen, dass sie eine arbeitende Mutter mit eigenem Einkommen haben. Zu wissen, dass ich sie auch alleine ernähren könnte,

wenn ich müsste, gibt mir ein gutes Gefühl. Mein Mann hatte zu Beginn unserer Ehe konservative Rollenklischees im Kopf. Seine Mutter war ein Leben lang Hausfrau und sein Vater schaffte das Geld heran. Durch das Vorbild seiner Eltern fühlte auch er sich hauptsächlich für die finanzielle Absicherung verantwortlich und weniger für den Rest. Irgendwann ist mir dann der Kragen geplatzt: Er könnte ja mal genauso einkaufen, kochen und auch mal die Kinder ins Bett bringen.

Zuerst hat er nicht verstanden, was ich von ihm will. Dann hat er gesagt: »Pass mal auf, das ist alles gar kein Problem. Sag mir, was du willst, dann bekommst du, was du willst. Du musst mir sagen, was du brauchst, damit ich mich darauf einstellen kann, denn ich habe es nicht gelernt.« Dieser Satz hat sich bei mir richtig eingebrannt.

Jetzt sage ich, wenn ich etwas will. Wir Frauen dürfen nicht denken, dass die Erwartungen an den Partner uns auf der Stirn geschrieben stehen. Wir müssen uns klar äußern: Ich will, dass XYZ bis X gemacht wird. So handhabe ich das mit den Kindern. Sie bekommen klare Anweisungen, wer wann wofür zuständig ist. Ein Beispiel: Wenn ich heute Mittag um 14 Uhr nach Hause komme, dann erwarte ich, dass der Geschirrspüler ausgeräumt ist. Wenn das nicht der Fall ist, dann gibt es eine Diskussion mit mir, bei der ich auch sage: »Ich gehe arbeiten, ich leiste einen gewissen Anteil zum Familieneinkommen und ich erwarte dafür, dass ihr mich entlastet, wenn ich darum bitte.«

Was ist dein Geheimtipp für andere Mütter, egal ob von einem oder mehreren Kindern?

Was mir wirklich wichtig ist: die Gesunderhaltung von Frauen. Das bedeutet, dass Frauen sich Zeit für sich nehmen. Nicht, um eben diese mit dem Durchscrollen von Social-Media-Kanälen zu verplempern oder zu shoppen. Sondern, damit sich jede ganz klar bewusst wird: Wir haben nur einen Körper, eine Chance in diesem Leben. Wir sollten auf uns achten. Dazu müssen wir manchmal auch ein bisschen egoistischer denken.

Jede Frau kann sich einen Sport aussuchen, bei dem sie sich auspowert, aber auch wieder Kraft schöpfen kann. Niemand muss immer alles alleine schaffen. Wenn die Nachbarin klingelt und sagt: »Soll ich mal mit Ihrem Kind spazieren gehen?« – keine Sekunde wegen vermeintlicher Schwäche überlegen, sondern »Ja gern, hier haben Sie mein Kind, ich vertraue Ihnen. Vielen Dank« sagen. Wichtig: Hilfe anzunehmen, ohne das Gefühl zu haben, dass eine Gegenleistung nötig ist. Und: Kommunikation in einer Beziehung offen, direkt und ehrlich gestalten. Nur so kann der oder die Partner:in auch Hilfe leisten.

Mein Tipp für dich

Unter **www.mutterkutter.de** findest du das Blogmagazin von Kerstin und ihren Kolleginnen. Hier erwarten dich unterhaltsame und bewegende Artikel rund um das Thema Mama sein und Mama werden.

Claudia Staudt

Fitnesstrainerin & Journalistin

40 Jahre / 1 Kind / verheiratet / selbstständig

Liebe Claudia, erzähl mal, wie ist euer Glück, also Lena, in euer Leben gekommen?
Meinen Mann lernte ich zu einem Zeitpunkt kennen, als »Spaß im Leben« für mich oberste Priorität hatte. Ich konnte mir längerfristige Bindungen nicht vorstellen und über Kinder hatte ich mir auch nie Gedanken gemacht. Doch das änderte sich alles.

Nach einem halben Jahr Fernbeziehung hatte ich meinen Job gekündigt und war zu ihm gezogen. Genauso schnell sprachen wir übers Heiraten und Kinderkriegen. Als wir 2010 heirateten, hatten wir schon die Vermutung, dass das Kinderkriegen auf natürlichem Weg für uns schwierig werden könnte. Ohne Verhütung passierte – nichts. Nach eineinhalb Jahren ließen wir uns untersuchen. Relativ schnell wurde klar, dass ich Endometriose habe.

Wir entschieden uns für eine künstliche Befruchtung und starteten mit Insemination. Nach drei erfolglosen Versuchen endete der Zuschuss der Krankenkasse. Im

Hintergrundwissen

Endometriose ist eine Frauenkrankheit, bei der sich Gebärmuttergewebe an anderen Stellen im Körper ablagert. Häufig kommt es in Eierstöcken, Darm oder am Bauchfell zu Entzündungsherden. Die Wucherungen sind meist gutartig, aber auch schmerzhaft. 40–60 Prozent der Frauen mit unerfülltem Kinderwunsch erhalten diese Diagnose.

Anschluss probierten wir In-vitro-Fertilisation (IVF). Das war eine andere Hausnummer! Statt einer hormonellen Behandlung mit Tabletten muss man sich dabei täglich selbst Hormone spritzen. Wenn genügend Follikel gewachsen sind, werden sie unter Vollnarkose entnommen und dann mit den gespendeten Samen des Mannes künstlich befruchtet.

Nach dem fünften Fehlversuch entschied ich mich für eine Auszeit und ging ein halbes Jahr ins Ausland. Ich wollte Zeit für mich, den Kopf frei bekommen. Danach kam ich motiviert zurück und wir starteten wieder. Lena trat dann im März 2013 eher zufällig in unser Leben.

Mein Mann war wie jeden Sonntag in der Kirche, und als er nach Hause kam, erzählte er von einer Bekannten, die ein Neugeborenes zur Kurzzeitpflege bei sich aufgenommen hatte: Lena. Sie wurde bereits in der 26. Schwangerschaftswoche als Zwilling geboren. Allerdings verstarb ihr Bruder kurz nach der Geburt. Bei ihr wurden aufgrund der Frühgeburt Behinderungen erwartet.

Hintergrundwissen

Rein rechtlich sind die Eltern von Dauerpflegekindern Vertragspartner:innen des Jugendamtes. Adoptivkinder sind gesetzlich ausschließlich die Kinder ihrer Adoptiveltern, die sorgeberechtigt sind.

Wir Mütter müssen oft ähnliche Aufgaben erledigen. Kindersachen aufzuräumen gehört dazu.

Lena machte aus mir eine fleißige Kirchgängerin, denn während der Gottesdienste durfte ich sie immer im Arm halten. Bald waren wir richtig verknallt in sie.

Ungefähr zur gleichen Zeit erzählte uns Lenas Kurzzeitpflegemama, dass in ganz Deutschland niemand gefunden wurde, der Lena adoptieren wollte, und dass sie wahrscheinlich ins Heim kommen würde. Wir hatten gerade den sechsten Fehlversuch hinter uns.

Als Lena dann als Dauerpflegekind eingestuft wurde, spürten mein Mann und ich, dass wir Lenas Eltern werden wollten. So fassten wir den Entschluss, uns um Lena zu bemühen. Womit ich nicht gerechnet hatte, war die Welle der Ablehnung, nur weil es einen solchen Fall noch nie gegeben hatte. Normalerweise gehen Paare zum Jugendamt, lassen sich als interes-

sierte Pflegefamilie registrieren, durchlaufen die erforderlichen bürokratischen Prozesse. Dann wird man irgendwann angefragt, ob man Kind XY bei sich aufnehmen möchte.

Nach zahlreichen Diskussionen gab es dann eine Option: Wenn Lenas Pflegemama sie noch ein halbes Jahr bei sich behielte, könnten wir in dieser Zeit die Bürokratie nachholen und Lena dann tatsächlich bei uns aufnehmen. Nachdem wir Seminare besucht, Referate geschrieben und Millionen von Dokumenten ausgefüllt hatten, haben wir Lena im September 2013 endlich als Dauerpflegekind bei uns aufnehmen dürfen.

Mein Tipp für dich

Unter **@claudistaudi** kannst du bei Instagram mehr über das abwechslungsreiche Leben von Claudia und Lena erfahren.

Hast du das Gefühl, dir fehlt etwas, weil du nie selbst schwanger warst?
Ja definitiv, ich hätte sehr gerne erlebt, wie es ist, ein Kind in sich zu spüren. Und ich hätte liebend gerne gestillt.

Mein Mann und ich hätten natürlich auch gerne ein Kind gehabt, in dem wir uns auch rein optisch wiedererkennen. Aber Lena übernimmt Eigenschaften von uns; sie hat den gleichen Humor wie mein Mann und den Ordnungssinn von mir.

Wie war es für dich, so plötzlich Mama zu sein?
Für unsere Beziehung war diese »schnelle Geburt« gar kein Problem. Aufgrund der anstrengenden Jahre zuvor waren wir beide viel toleranter geworden.

Auch die Tatsache, dass mein Körper sich nicht verändert und wir auch weiterhin Sex hatten, war von Vorteil. Wir haben uns von Anfang an alle Aufgaben geteilt. So einen richtigen Schockmoment hatten wir nicht, wir konnten uns ja langsam an das Leben zu dritt gewöhnen.

Viele Dinge waren auch ganz anders, als ich es mir vorgestellt habe. So schlief Lena von Anfang an in ihrem eigenen Bett, ihren Maxi Cosi hat sie auch »mitgebracht«. Alles so unspektakulär. Selbst banale Dinge wie den Kauf einer Babyschale hätte ich genossen.

Was ist deine größte Herausforderung?
Meinen eigenen Ansprüchen gerecht zu werden. Wenn ich dann nicht so reagiere, wie ich das von mir selbst erwarte, ist das schwierig für mich.

Patchwork-Style

Der Interviewtermin mit Lea und Chris wird mir ewig in Erinnerung bleiben. Erstens, weil ich dabei so viel gelernt habe, beispielsweise wie schnell ich ungewollt und unbewusst meine persönliche Vergangenheit auf die Realität anderer Menschen projiziere und damit eine Schublade zimmere, die ich gar nicht will. Und zweitens, weil es der einzige Termin der gesamten Tour war, bei dem ich zu spät kam.

Ich hatte mich nämlich im Botanischen Garten in München verlaufen, passiert auch nicht alle Tage. Das ist aber eine andere Geschichte. Das Ende vom Lied war jedenfalls, dass ich durch die ganze Rennerei mit Kameraequipment total verschwitzt bei Lea ankam und, sagen wir es mal so, nicht mehr ganz so blumig roch wie zuvor.

Seit diesem Erlebnis wirst du mich nie wieder ohne Deo und Ersatz-T-Shirt bei einem Interviewtermin antreffen. Auch unterwegs als Nicht-Mama also voll ausgestattet! Doch an jenem Tag hatte ich nichts davon dabei, also ging ich in die Offensive, erzählte, warum ich zu spät war, und gab unumwunden zu: „Es tut mir leid, falls ich stinke." Doch Lea winkte ab und sagte, es sei alles gut.

Ich weiß nicht, ob sie nur höflich war oder ob sie wirklich nichts riechen konnte, aber das war auch egal, denn ich war nicht hier, um über mich zu sprechen. Viel lieber wollte ich mehr über sie und ihre Patchworkfamilie erfahren. Ein Thema, zu dem ich als Kind meine eigenen Erfahrungen gemacht hatte und bei dem es mir wirklich schwerfiel zu glauben, dass eine solche Konstellation harmonisch ablaufen kann. Doch es gibt diese Harmonie, so viel vorneweg.

Leas Patchworkfamilie umfasst insgesamt sechs Personen: sie, ihren Mann Chris, einen gemeinsamen Sohn und drei Söhne aus der ersten Ehe von Chris. So kommt es, dass ihr Haushalt alle drei Wochen übers Wochenende nicht drei Personen umfasst, sondern fünf bis sechs.

LEA WACKER

Digital-Marketing-Managerin & Bloggerin

33 Jahre / 1 Kind / verheiratet / angestellt & selbstständig

Mann mit Kind bedeutet eben auch Familie mit Patchworkbeziehungen

Ich war neugierig, wie es für Lea war, sich in einen Mann zu verlieben, der bereits Kinder und somit auch Verpflichtungen hatte. »Als ich Chris kennengelernt habe, war er schon über 40. Für mich war klar, dass er in dem Alter auch schon Kinder haben würde. Einen Mann in mein Leben zu lassen, der bereits Vater ist, davor hatte ich Respekt, aber keine Angst.

Es gibt viele, die sagen, man solle die Finger von Männern lassen, die schon Kinder haben, da man im Prinzip nie weiß, was einen erwartet. Mir war das aber egal, ich bin selbst ein Scheidungskind und habe von den neuen Partner:innen meiner Eltern gelernt, wie man es nicht machen sollte. Diese Erfahrung hat mir im Umgang mit den Kindern von Chris tatsächlich sehr geholfen. Ich habe einfach versucht, all die Dinge, die mich damals gestört haben, nicht zu tun. Ich muss aber auch dazu sagen, dass die Kinder von Chris es mir überhaupt nicht schwergemacht haben.«

Während ich Lea so zuhörte, dachte ich darüber nach, wie und ob ich mit einer solchen Situation umgehen könnte, und ich kam zu dem Entschluss, dass mir wahrscheinlich die Kinder weniger Sorgen bereitet hätten als die Tatsache, dass es auch noch eine Ex-Frau gibt, die immer wieder präsent sein würde. »Das war nie ein Problem für mich. Wir verstehen uns gut, auch wenn wir nicht immer einer Meinung sind. Chris' Ex-Frau hat es mir aber auch leicht gemacht. Ich denke, es funktioniert recht gut mit uns allen, weil die beiden schon vor der Trennung länger nicht mehr glücklich miteinander waren. Sie weiß, dass ich gut zu den Kindern bin. Ich denke, dadurch wurde vieles entspannter. Chris' Ex-Frau ist dazu noch sehr tolerant.«

Innerlich hörte ich mich schon ein lang gezogenes »Okaaayyy« denken, denn das war definitiv etwas anderes als das, was ich als Kind erlebt hatte. Als Chris dann noch erzählte, dass Lea und er sich kennenlernten, als seine Ex-Frau und er zwar inoffiziell bereits getrennt waren, jedoch wegen der Kinder weiterhin noch im selben Haus wohnten, wurde das »Okay« in meinem Kopf immer länger. Ich merkte, wie ich gedanklich ungewollt anfing, die Situation zu bewerten und zu analysieren. Konnte das wirklich stimmen, kann man damit umgehen, wenn die neue Flamme noch mit der Ex zusammenwohnt? Mein Gehirn mischte die Erlebnisse meiner Eltern mit der Geschichte, die Lea und Chris mir gerade erzählten, und heraus kam eine Schublade, die ich selbst blöd fand.

Das andere Märchen von der Stiefmutter

Als ich erkannte, welcher Prozess gerade auf meiner Festplatte ablief, zog ich den Stecker und zwang mich dazu, meine persönlichen Erlebnisse beiseitezuschieben. Und was soll ich sagen, dann wurde ganz schnell aus dem skeptischen »Okay« ein absolut ehrlich gemeintes »Wow«. Denn vor mir saß ein tolles Paar, das offen und ehrlich seine Erfahrungen als Patchworkfamilie mit mir teilte. Ich durfte feststellen, dass es funktioniert.

Es gibt die Version, in der die Stiefmutter nicht böse ist, die Ex-Frau kein Biest und wo die Kinder nicht von der neuen Familienkonstellation völlig genervt sind. Diese Variante ist möglich, weil Lea an der Stelle, an der vielleicht der eine oder andere sein Ego ins Spiel bringt, ein großes Herz und jede Menge Toleranz mitbrachte. Statt Eifersucht gab es Verständnis und statt Rosenkrieg solide Beziehungen, mit denen alle leben konnten.

Lea und Chris beeindruckten mich beide mit ihrer Gelassenheit und ihrer Sicht auf die Dinge, von der ich definitiv noch etwas lernen konnte. Ich wollte von ihr wissen, was ihre größte Herausforderung in ihrer Rolle als Stiefmutter ist. »Ganz klar: akzeptiert zu werden. Die Balance zu finden, zwischen ›mir ist es egal, was sie machen‹ und ›hier mische ich mich erziehungsmäßig ein‹.« Ein Punkt, den ich mir definitiv schwierig vorstelle. Offene Kommunikation sei hier die Lösung, auch wenn sie Streitereien nicht vollständig verhindert.

»Es gibt natürlich auch eine Menge Konfliktpotenzial in einer Patchworkfamilie. Es fliegen auch mal die Fetzen, das gehört einfach dazu. Wenn es drauf ankommt, halten wir alle aber zusammen. Am wichtigsten ist es mir, dass die Kids sich untereinander verstehen, und das tun sie. Da kann ich auch mal über auf dem Boden liegen gelassene Handtücher hinwegsehen, auch wenn mich das grundsätzlich eher nervt.«

Ich denke, das sind Situationen, die wir alle kennen, ob Patchworkfamilie oder nicht: Wenn mehrere Menschen zusammenleben, kracht es eben auch mal. Lea und Chris haben mir mit ihrer offenen und lockeren Art das Leben einer solchen Familienkonstellation, die ich nie für möglich gehalten hätte, auf eine wunderbare Art nähergebracht.

Wie überall gibt es auch hier nicht nur Schwarz und Weiß, nicht nur heile Welt oder Rosenkrieg, sondern ganz viel echtes Leben dazwischen. Ich bin unglaublich dankbar, dass sie mir diesen kleinen Einblick in ihre Welt gewährt haben.

Mein Tipp für dich

Unter **@kruemel_im_bett** kannst du bei Instagram mehr über Lea und ihr Leben als Patchworkmama erfahren.

Lea ist eine prima Stief-Kumpel-Mama.

Katrin Lauer

Goldschmiedin

45 Jahre / 2 Kinder / verheiratet / zehn Jahre Elternzeit

Liebe Katrin, ich möchte heute mit dir über dich und deine Rolle als Mutter sprechen. Wie war das bei dir, hast du dir immer schon Kinder gewünscht?

Nein, eigentlich nicht. Kurz bevor ich schwanger war, wusste ich gar nicht, dass ich überhaupt Kinder wollte, weil ich dieses Gefühl von »es fehlt mir etwas« gar nicht deuten konnte. Ich war quasi rund um die Uhr beschäftigt, entweder mit Arbeit oder in meinen verschiedenen Ehrenämtern. Im Nachhinein kann ich aber sagen, dass ich mich sehr danach gesehnt habe, Kinder zu haben. Es kam alles ungeplant und völlig überraschend in mein Leben, der Mann sowie das Kind.

Wie kamst du damit klar, dass sich dein Leben nicht mehr so geschäftig im Außen abspielte, sondern es sich mehr auf das Innere deiner Familie konzentrierte?

Im Nachhinein betrachtet war der Schnitt schon recht radikal. Bevor unser Sohn auf die Welt kam, habe ich viel gearbeitet. Ich hatte einen wunderschönen, großen Auftrag, den ich unbedingt noch vor der Geburt fertigstellen wollte, um die Sachen für das Baby wollte ich mich danach kümmern. An dem Abend, als ich den Auftrag fertiggestellt hatte, sagte ich zu meinem Mann, dass wir ja schon mal das Wickelbrett mit in die Wohnung nehmen könnten. Als hätte ich geahnt, dass unser Sohn in dieser Nacht vier Wochen zu früh auf die Welt kommen würde …

Katrin hat ihre eigene Balance zwischen Kind und Beruf gefunden.

Alles, was ich hatte, waren dieses Wickelbrett und ein paar Anziehsachen. Am Anfang habe ich gar nicht gemerkt, wie sehr sich mein Leben veränderte. Ich war einfach nur glücklich. Sogar so sehr, dass ich die ersten sechs Wochen nicht einmal die Wohnung verlassen habe! Für mein frühgeborenes Baby war mir die Stadt viel zu wild.

Als das normale Leben wieder langsam anfing, war das schon anders. Rückblickend betrachtet war es ein Punkt, an dem ich als Frau mit der Erfüllung meiner neuen Rolle auch gekämpft habe. Ein halbes Jahr nach der Geburt haben mein Mann und ich geheiratet und dann wurde ich schnell wieder schwanger.

Wie ging es dann für euch weiter?

Wir wollten ein Haus mit einem kleinen Stück Garten kaufen. Ich wollte raus aus der Dachgeschosswohnung in der Innenstadt, denn die vielen Treppenstufen entwickelten sich zu einer echten Belastung. Ich hatte das Gefühl, ich schaffe meinen Alltag als Schwangere mit Kleinkind in dieser Wohnsituation einfach nicht. So kam es dann auch und ich hatte im fünften Monat eine Fehlgeburt. Das war auch der Zeitpunkt, als meine Einstellung zur Arbeit eine andere wurde. Ich habe die Fehlgeburt angenommen und es war mir auch egal, dass von außen so getan wurde, als wäre nichts passiert.

Ich habe das Weibliche noch mehr in den Vordergrund gestellt und habe angefangen, mich von bisherigen Vorstellungen für mein Leben zu emanzipieren. Durch mein Kind habe ich eine Rolle angenommen, die ich unbedingt weiter erforschen wollte. Nach drei Jahren hatte ich meine Werkstatt im neuen Haus zumindest wieder eingerichtet, aber die Fehlgeburt hatte mich verändert. Ich habe mich gefragt, wer ich als Frau sein will und warum.

Bei mir läuft vieles intuitiv und ich lasse den Dingen gerne einfach ihren Lauf. Ich habe keine Angst vor den Folgen, wenn ich etwas weg- oder verlasse. Meist ruht dort das nächste Wunder. Die Erfahrung der Fehlgeburt war für mich lebensverändernd. Es war hart, am eigenen Leib zu erfahren, dass nicht immer das eintrifft, was man sich wünscht oder erwartet. Dennoch hat mir dieses Erlebnis dabei geholfen, zu der Frau zu werden, die ich schon immer war. Annehmen können und daraus etwas Gutes machen, das ist weibliches Feingold.

Wie lang hast du insgesamt beruflich die Pausetaste gedrückt?

Ungefähr zehn Jahre. Ich habe mein ganzes Hab und Gut (also auch meine Werkstatt) verlassen, als ich zu meinem Mann in die Wohnung gezogen bin. Das war quasi wie im Krieg, ich konnte eine lange Zeit gar nicht arbeiten, aber das war auch nicht mein Ziel. Mein Ziel war das Kind.

Über Kindererziehung wusste ich nicht viel, von Babys schon mal gar nicht. Ich musste das alles erst lernen. Dann kam dazu, dass mein Mann Feinschmecker ist, das bedeutet, dass ich das Kochen noch mal anders angehen musste. Ich habe ganz viel gelernt, um meinen Mann auch glücklich zu machen und um ihm eine gute Grundlage zu bieten. Für unsere gemeinsame Zeit, die dann kam. Ich habe einfach gemerkt, dass da eine neue »Ausbildung« auf mich zukommt, und der habe ich mich vollständig hingegeben. Dafür habe ich meine Kundenkontakte abgebaut und alle Wege zu meinem alten beruflichen Leben abgebrochen. Das war durchaus schmerzhaft und auch anstrengend für mich.

Seit geraumer Zeit arbeitest du wieder, wie viele Stunden pro Woche?

Ich habe Dienstag meinen Arbeitstag, 9–12 Uhr. In dieser Zeit schaffe ich einen Pool mit den Dingen, die ich in der restlichen Woche irgendwann fertig mache. Manchmal sind es zehn Stunden, manchmal aber auch zwanzig Stunden, wenn ein Auftrag besonders cool ist. Goldschmiedin zu sein ist mein Traumberuf, aber ich arbeite nur dann, wenn die Zeit dazu da ist.

Was würdest du sagen, worin für dich die Herausforderung besteht?

Die größte Herausforderung für mich besteht darin, sich als Frau mit Familie das Leben zu erschaffen, welches man sich wünscht und auch braucht. Unser System drängt einen in eine Richtung, in der die Kinder lange fremdbetreut werden. Ich glaube aber, dass viele Frauen sich auch gerne eine intensivere Zeit mit ihren Kindern wünschen. Ich denke, es sollte mehr Raum für Arbeit der Zuwendung geben.

In diesem Raum liegt für mich ein großes Glück. Ich persönlich stricke mir meine Tage so, wie sie mir gefallen. Ich mache alles gern, solange ich genügend Raum für die Dinge habe. Ich habe mir auch bewusst so viel Zeit genommen, einfach um meinen Kindern eine Basis zu geben.

Kindermund tut Wahrheit kund

Was denken eigentlich unsere Kinder über Mamas Arbeit …

Mama arbeitet nicht, sie ist im Büro zu Hause.

Meine Mama hat auf der Arbeit immer ganz viel Spaß, aber auch viel zu tun.

Ich finde es doof, wenn meine Mama spät nach Hause kommt. Dann will ich auch ins Büro!

Wenn ich groß bin, will ich wie meine Mama am Computer arbeiten.

Mama, warum kannst du nicht so sein wie andere Mamas? Es ist doof, dass du so viel arbeitest.

Meine Mama arbeitet gar nicht, sie kriegt Geld, wenn sie Spaß hat.

Meine Mama spielt oft am Smartphone rum und nennt es dann Arbeit.

Meine Mama arbeitet was mit Konferenzen, zu Hause im Büro, und ich finde es schön, dass ich sie dabei immer stören kann.

Ich finde es richtig schön, dass meine Mutter malt. Es ist alles nicht so streng. Allerdings riecht es oft nach Knochenleim, ziemlich eklig, aber daran gewöhnt sich die Nase irgendwann.

Meine Mama repariert Hunde.

Ich finde es schön, dass meine Mama mit dem, was sie am meisten liebt, ihr Geld verdienen kann.

Meine Mama fotografiert Menschen, die weglaufen wollen.

Ich finde die Arbeit von meiner Mama schön, weil sie Menschen gesund macht. Es ist aber auch anstrengend, weil sie dafür so früh aufstehen muss.

Maria Kristin Gerstenberg

Illustratorin und Selfpublisherin

35 Jahre / 2 Kinder / alleinerziehend / selbstständig

Liebe Maria, erzählst du ein bisschen aus deinem Alltag?
Ich bringe die Kinder zur Schule und fange an zu arbeiten. Um 15 Uhr hole ich sie wieder ab, wobei sie auch manchmal alleine nach Hause laufen; dann nutze ich die Zeit, um noch ein paar Minuten länger zu arbeiten. Sobald wir alle zu Hause sind, startet mein Mutti-Alltag, wobei dieser mittlerweile recht kurz ist. Die Kinder sind jetzt in einem Alter, in dem sie schon viel alleine spielen.

Sobald sie mich nicht mehr brauchen, sitze ich wieder an meinem Arbeitsplatz. An Tagen, an denen der Mutti-Alltag länger geht, lege ich auch gerne mal eine Nachtschicht ein. In sehr arbeitsintensiven Phasen nutze ich auch die kinderfreien Wochenenden, um weiter voranzukommen.

In meiner Vorstellung sind alleinerziehende Mütter »Übermenschen«. Auch mit Partner stoße ich ab und zu schon an meine Grenzen. Wie schaffst du das?
Ja, manchmal ist es schwierig. Aus diesem Grund habe ich mein Leben auch umgestellt. Wir sind vor Kurzem erst wieder in den Ort gezogen, in dem auch meine Eltern leben. So habe ich mindestens einmal pro Woche Unterstützung am Nachmittag. Dann kommen sie erst zum Abendessen nach Hause. Alle zwei Wochen sind die Kinder am Wochenende bei ihrem Vater.

Ist bei dir alles sehr spontan?
Im Alltag bin ich sehr spontan und im Business bin ich sehr organisiert. Gerade bei meiner Arbeit gibt es ja auch viele Deadlines, was mit Spontaneität nicht gut einhergeht.

Privat sieht das wie gesagt anders aus, ich bin keine Mutter, bei der die ganze Woche durchplant ist. Ganz im Gegenteil. Ich halte mir lieber die Nachmittage frei, damit wir je nach Wetter und Laune spontan entscheiden können, worauf wir Lust haben.

Wie sieht es aus, wenn du eine Deadline hast und eines deiner Kinder krank wird?
Erfreulicherweise stand ich noch nie wirklich vor dieser Herausforderung, bis jetzt hatte ich immer Glück. Beim vorletzten Buch war zwar alles total knapp, da durfte einfach nichts dazwischenkommen. Ich hatte vier Wochen Zeit, um das Buch zu schreiben und zu illustrieren, denn es sollte nach dem erfolgreichen Vorgänger unbedingt noch zum Weihnachtsgeschäft fertig sein. Die Geschichte war zwar schon vorher in meinem Kopf, aber so ein Buch ist auch nicht von heute auf morgen fertig. Das Gute war, dass ich auf meine Erfahrungen vom ersten Buch zurückgreifen konnte und dann bei vielen Dingen einfach schon wusste, worauf ich achten muss.

Wie viele Stunden arbeitest du pro Woche?
Diese Frage wurde mir schon sehr häufig gestellt – ich kann es nicht genau sagen. Ich würde sagen »so oft es geht«, aber auf jeden Fall mehr als früher. Im Angestelltenverhältnis habe ich 25 Wochenstunden gearbeitet. Heute also auf jeden Fall von 8–15 Uhr, ein bisschen zwischendurch, am Abend und am Wochenende. Meine Arbeit verschmilzt mit meinem Alltag. Es ist alles im Flow. Manchmal werde ich auch nachts wach und kann nicht mehr schlafen, dann kann es auch passieren, dass ich dann arbeite. Klar bin ich dann müde, aber wir sind ja Mütter.

Was ist für dich die größte Herausforderung in Sachen Vereinbarkeit von Beruf und Familie?
Mein schlechtes Gewissen! Ich rede mir oft selbst ein, dass ich irgendwas nicht hinbekomme. Ich habe sehr hohe Ansprüche an mich selbst und diese werden häufig zum Problem. Ich denke dann, ich würde nicht allem gerecht werden, sei es Haushalt, Kochen, Spielen, Ausflüge oder generell die Frage, ob ich meine Kinder genug fördere.

Man ist ja immer versucht, die Fehler aus der eigenen Kindheit bei seinen Kindern nicht mehr zu wiederholen. Man will ihnen den bestmöglichen Start ins Leben ermöglichen und damit erzeugt man einen gewissen Druck bei sich selbst.

Was wäre eine Erleichterung für dich?
Mehr Geld. Das Thema Geld stresst mich, seit ich selbstständig bin, schon sehr. Auf meinen Schultern liegt die ganze Verantwortung. Ich habe auch ganz oft Existenzängste. Dann werde ich nachts wach und denke, wir werden sterben oder wir verhungern unter der Brücke.

In der Selbstständigkeit gibt es ja immer Hoch- und Tiefphasen. Gerade hatte ich zum Beispiel eine Tiefphase, kurz bevor ich meinen Shop eröffnet habe, da dachte ich: »Das wird eine totale Katastrophe.« Dann war der Launch vom Onlineshop total gigantisch und ich dachte: »Yeah, ich kann es schaffen.« Dieses Auf und Ab belastet mich und sorgt für die eine oder andere schlaflose Nacht. Das ist ja alles total normal, aber so ein Stückchen mehr Sicherheit wäre schon cool.

Maria setzt Geschichten um, die ihre Kinder und sie beim Zubettgehen erfinden.

Was hast du durch deine Kinder gelernt?
Dass ich etwas kann. Ich war vorher ein sehr unsicherer Mensch, der totale Zweifler. Ich hatte das Gefühl, dass ich nichts auf die Reihe bekomme, obwohl das ja absoluter Quatsch war. Ich konnte viel, aber ich habe nicht daran geglaubt. Durch diese bedingungslose Liebe der Kinder habe ich dann gemerkt: Ich bin ja doch toll. Das Wichtigste, was ich gelernt habe, ist, dass ich geliebt werde und wertvoll bin.

Mein Tipp für dich

Unter **@mariakristingerstenberg** auf Instagram erfährst du noch mehr über Maria und ihren Mäuseverlag. Sie ist Selfpublisherin und Grafikerin. Die Geschichten um den Kater Vladimir Petrokov können auch in liebevoll zusammengestellten Buchpaketen bestellt werden, Maria baut gerade eine ganze Markenwelt mit tollen Ideen auf.

MELINA BRACHETTI

Bürokauffrau

38 Jahre / 1 Kind / verheiratet / angestellt

»Anders normal«

Wer als Paar die Entscheidung trifft, Kinder zu bekommen, hat ein ganz klar definiertes Ziel vor Augen. Ein Baby, ein gesundes Baby bitte, soll es sein. Für dieses Ziel tun wir werdenden Mütter alles, was wir können: gesunde Ernährung, Vorsorgetermine beim Arzt, Folsäuretabletten, ausreichend Bewegung, achtsame Ruhepausen ... Die Liste ist lang. Doch auch wenn wir alles dafür tun, haben wir leider schlussendlich keinen Einfluss darauf, ob wir das Ziel erreichen. Bei kleinen Wehwehchen oder geringeren Komplikationen während der Schwangerschaft werden wir noch mit den Worten »Hauptsache, am Ende sind alle gesund« getröstet.

Doch was passiert mit einer werdenden Mutter, wenn sie sich nach fast 40 Wochen endlich sicher fühlt und dann auf dem letzten Meter die Würfel noch mal neu fallen? Und damit das Ziel, ein gesundes Baby in den Armen zu halten, in den letzten Minuten der Geburt plötzlich unerreichbar wird?

25 Minuten: Leben, Schwerstbehinderung oder Tod?

So erging es Melina. Nach einer Traumschwangerschaft, die völlig problemlos verlief, zerplatzte ihr Traum eines gesunden Babys völlig unerwartet. Ihr Sohn erlitt während der Geburt eine schwere perinatale Asphyxie (starken Sauerstoffmangel) und musste 25 Minuten lang reanimiert werden. Auf der Intensivstation angekommen, wurde er künstlich beatmet und seine Körpertemperatur wurde auf 33–34 Grad Celsius heruntergekühlt, um das Ausmaß der zu erwartenden Behinderung zu minimieren. Plötzlich sprachen alle von »schwerstmehrfachbehindert« und von »wir wissen nicht, ob Ihr Kind überlebt«. Worte, bei denen sich wohl bei allen Eltern die Nackenhaare aufstellen: Panik pur.

Ich wollte von Melina wissen, wie sie sich fühlte, als das plötzlich ihre Realität war. »Es war wie ein Albtraum. Von einer auf die andere Sekunde war alles anders. Für mich ist eine Welt zusammengebrochen, ich wollte einfach nicht verstehen, was während der Geburt passiert ist. Ich hatte Angst und Panik vor dem, was auf uns zukommen könnte. Am liebsten hätte ich mich vor meinem Leben versteckt. Als ich mein Kind dann aber zum ersten Mal sah, so hilflos und klein, war mir sofort klar, dass ich kämpfen und alles tun werde, was für sein Wohlergehen nötig ist.«

Das sind die Momente, in denen ich schlucken muss und mir die Tränen in die Augen treten. Momente, in denen ich berührt bin, mitfühle und mir eine Aussage wie »Ich verstehe« niemals über die Lippen kommen würde. Denn selbst wenn ich der empathischste Mensch der Welt wäre, würde ich nie vollständig verstehen, was in einem solchen Moment in einer Mutter vorgeht. Was Melina wohl geholfen hat, mit der Situation umzugehen, und ob sie sich die Frage nach dem »Warum« stellte?

»In erster Linie hat mir die Verbindung und die Liebe zwischen mir und meinem Sohn Kraft gegeben. Wenn ich mich leer fühlte, mein Körper und meine Seele weinten, ich vor Schlafmangel und Erschöpfung kaum stehen konnte, lächelte er mich an und gab mir neue Kraft. Ansonsten half mir auch die Zeit, denn ich lernte, mit der Situation umzugehen, und wuchs mit der Herausforderung. Mit der Zeit machte er erkennbare Fortschritte und das gab uns Hoffnung und viel Kraft.

»Warum ich, warum wir?«

Die Frage nach dem Warum habe ich mir zu Beginn häufiger gestellt, vor allem, wenn ich mich und ihn mit anderen verglich. Ich hatte doch alles dafür getan, dass es ihm gut ging. Heute schäme ich mich für diese Gedanken. Mein Sohn ist etwas ganz Besonderes und im wahrsten Sinne des Wortes ein Wunder. Er hat eine Behinderung: na und. Ich würde ihn gegen kein Kind der Welt eintauschen wollen. Durch ihn habe ich gelernt, dass nichts auf dieser Welt selbstverständlich ist, noch nicht einmal die Tatsache, dass wir selbst atmen können.«

Eine dramatische Geschichte, ich weiß, aber so ist das meistens mit den Heldengeschichten. Und ich bin mir ziemlich sicher, dass ich gerade eine solche erzähle. Es ist eine Geschichte von einem Jungen mit unglaublicher Willenskraft und einer Mutter, die eine Stärke entwickelt hat, von der sie wohl selbst niemals geträumt hätte. Mittlerweile ist der Junge, von dem keiner wusste, ob er es schafft, in der vierten Klasse einer ganz normalen Grundschule. Mit ein wenig Unterstützung von einer Integrationshilfe ist das überhaupt kein Problem.

Dennoch ist das Leben, das an so vielen Stellen so normal wirkt, manchmal eben doch »anders normal«. Melinas Sohn lernte beispielsweise mit vier Jahren laufen, ist kleiner und leichter als Gleichaltrige und das Thema Nahrungsaufnahme war die ersten Jahre das Horrorthema Nummer

eins. Enorme Schluckbeschwerden führen dazu, dass der nun Neunjährige auch heute teilweise noch pürierte Nahrung zu sich nehmen muss. Zusätzlich ist der Alltag der Familie vollgepackt mit unterschiedlichsten Förderterminen wie Reit- oder Ergotherapie, Logopädie und vielem mehr.

Vor mir saß eine kleine Familie, die einerseits ein großes Wunder erlebt hatte und gleichzeitig auch richtig hart für dieses Wunder (immer noch) einsteht. Ich wollte von Melina wissen, was bei alldem ihre größte Herausforderung war. »Die Nahrungsaufnahme meines Sohnes. Ich kämpfte jeden Tag! Die Wenigsten können sich vorstellen, wie belastend es ist, wenn ein Kind nichts essen möchte. Oder wie es sich anfühlt, wenn man eine Stunde gefüttert hat, das Kind sich beim letzten Löffel verschluckt und alles wieder rauskommt und man von vorne anfangen muss. Diese extremen Situationen waren für uns Alltag und das zehrte nach drei Jahren echt an meinen Nerven.

Vom Loslassen und Zulassen

Irgendwann erreichte ich den totalen Erschöpfungszustand und nichts ging mehr. Von jetzt auf gleich war ich mit allem überfordert. Mein Leben bestand nur noch aus Angst und Panik. Ich musste lernen, loszulassen und zuzulassen, dass auch andere sich um mein Kind kümmern können, ohne dass ihm etwas passiert. Ich machte eine Therapie, um die traumatischen Erlebnisse der Geburt zu verarbeiten, und fing wieder an zu arbeiten. Ich lernte, wieder Spaß am Leben zu haben. Ich erlaubte mir selbst Zeit zur Entspannung und für Dinge, die

Ein Spaziergang mit Kind und Kegel – Sonnenschein und Regen folgten aufeinander.

Der Spezialstuhl sorgt für eine optimale Sitzposition während der ausgedehnten Mama-Sohn-Spielezeit.

mir Spaß machten. Dadurch schaffte ich es, mich nicht mehr wegen allem verrückt zu machen.«

Von diesen schwierigen Zeiten ist bei unserem Termin nichts zu sehen. Bis auf den speziell gefertigten Stuhl gibt es auf den ersten Blick keinerlei Anzeichen dafür, dass hier einiges »anders normal« ist. Ich werde zur Beobachterin eines ganz normalen fröhlichen Mama-Sohn-Nachmittags. Kartenspielen und ein Spaziergang im Wald. Denn Melinas Sohn wollte mir noch unbedingt zeigen, wie gut er mit seinem neongelben Mountainbike die zwei kleinen Treppenstufen vor der Tür herunterfahren kann.

Wenn ich an diesen Nachmittag zurückdenke, entsteht bei mir ein Gefühl von Bewunderung und Demut. Bewunderung für den Kampfgeist und den Willen des Jungen und die Leichtigkeit, mit der er sein Schicksal meistert. Dazu eine ganz große Demut gegenüber dem Leben. Denn auch wenn wir es immer wieder vergessen, das Leben ist ein Geschenk.

Zum Abschluss wollte ich von Melina noch einen Tipp für andere Mütter, die sich vielleicht gerade in einer ähnlichen Situation befinden: »Egal, wie aussichtslos es scheint, gebt niemals die Hoffnung auf. Freut euch an dem, was ihr erreicht habt. Wer sich nur mit ›Besserem‹ vergleicht, wird immer unzufrieden sein. Unser Sohn hat viel mehr erreicht, als die Ärzte erwartet haben und ich es mir je erhoffte. Jahrelang habe ich mir endlos Sorgen gemacht, teilweise haben mich Dinge umgetrieben, die noch nicht einmal eingetroffen sind. Irgendwann habe ich einfach nur auf mein Kind geschaut und auf Gott vertraut.

Es sind nicht immer alle Tage gleich, es gibt Höhen und Tiefen. Man sollte nur nicht vergessen zu leben. Mein Tipp wäre, sich trotz allem Zeit für sich zu nehmen und auch einfach Spaß am eigenen Familienleben zu haben.«

Sabrina Jodoin

Landschaftsarchitektur (B. Eng.)

32 Jahre / 2 Kinder / verheiratet / angestellt

Du lebst das Konzept »windelfrei«. Was ist das überhaupt?

»Windelfrei« bedeutet im Prinzip Kommunikation über die Ausscheidung. Das heißt also nicht unbedingt, dass die Kinder keine Windeln tragen! Es bedeutet lediglich, dass man auf die Signale des Kindes hört.

Im Grunde geht es um die reine Kommunikation mit dem Kind. Man ist einfach aufmerksam, welche Signale es aussendet. Pipi zu machen ist ein Bedürfnis, das die Kinder von Anfang an spüren, ähnlich wie Hunger. Sie spüren, dass da was ist, sie wissen vielleicht nicht, was, aber es ist ein Gefühl, das von dem »Sich gut fühlen« abweicht. Irgendwann habe auch ich dieses Gefühl bei meinen Kindern richtig interpretieren können.

Worin besteht für dich der Vorteil?

Es ist einfach eine weitere Möglichkeit, das eigene Kind besser zu verstehen. Es gibt Situationen, in denen es unruhig wird und man nicht weiß, woran es liegt. Durch das aufmerksame Beobachten kann man das viel besser ergründen. Wenn das Kind merkt, dass bald ein großes oder kleines Geschäft ansteht, wird es sich wahrscheinlich nicht freiwillig in den Kindersitz setzen lassen. Das ist bei uns Erwachsenen ja auch nicht anders, wir setzen uns ja auch nicht ins Auto und fahren eine längere Strecke, wenn wir eigentlich auf die Toilette müssen. Ohne »windelfrei« hätte ich oft nicht gewusst, warum mein Kind gerade so reagiert.

Gibt es Nachteile für dich?

Im Prinzip nicht, denn es geht ja um Kommunikation und jeder kann sich selbst überlegen, wie man das in der Familie umsetzen möchte und auch kann. Komplett auf Windeln zu verzichten, mit zwei Kindern zu Hause, fand ich oft zu anstrengend. Mit Stoffwindeln ist der Aufwand durch das Waschen zwar auch höher als mit Wegwerfwindeln, aber man achtet nach meiner Erfahrung auch mehr darauf. Es geht nicht darum, jedes Pipi zu erwischen, sondern vielmehr darum, auf die Signale des Kindes zu hören.

Wie hat dein Umfeld darauf reagiert?

Ich habe mich stückweise von innen nach außen gearbeitet. Zuerst haben wir »windelfrei« nur zu Hause durchgezogen. Je erfahrener und selbstbewusster ich im Umgang damit wurde, desto mehr habe ich es nach außen getragen. Ich musste erst meinen eigenen Weg finden, weil es ja nicht der »Norm« entspricht. Der Normalzustand in der hiesigen Gesellschaft ist die Verwendung von Einwegwindeln. Eine meiner größten Erkenntnisse war, dass hier der »richtige« Weg total individuell ist und dass es okay ist, wenn man nicht alles von Anfang

»Windelfrei bedeutet nicht, jedes Pipi zu erwischen, sondern vielmehr zu lernen, wie du die Signale deines Kindes richtig deutest.«

an weiß. Man darf da einfach reinwachsen. Wenn man sich selbst aus der Ruhe bringen lässt, überträgt sich das aufs Kind – davon hat niemand etwas. Durch das Konzept von »windelfrei« habe ich auch viel über mich selbst gelernt. Meine Erfahrungen mit dem Umfeld waren eher neutral oder positiv, ich habe oft Neugierde erlebt.

Was ist dein Tipp für andere Mütter?
Einfach ausprobieren, entspannt bleiben und sich nicht unter Druck setzen. Wir sind langsam reingerutscht und meinerseits immer mit dem Hintergedanken, dass ich immer wieder damit aufhören kann, falls es nicht zu uns passt. Aber irgendwann kam dann der Punkt, da habe ich festgestellt, ich will gar nicht mehr zurück. Was mir während des Prozesses auch total gutgetan hat, war der Austausch mit anderen Müttern!

Kurz & knapp

1. Versuch auch du mal, über den Tellerrand zu schauen, dich aus deiner gewohnten Umgebung an Neues zu wagen – ohne Verurteilung, ohne Abwägen, einfach nur als Inspiration.

2. Kleidung ist mehr als nur Stoff, der uns vor Wind und Wetter schützt, sie kann auch dir dabei helfen, deine Persönlichkeit zu stärken. Vielleicht ist dein neues Mantra ja: Mode ist ein Akt der Selbstliebe!

3. Zwar gibt es in einigen Fällen physische Hindernisse in punkto Kinderwunsch, aber allzu häufig sind es doch gesellschaftliche Konventionen oder das engere soziale Umfeld, die unsere Grenzen bestimmen. Überlege mal, ob das auch bei dir zutrifft. Rein theoretisch gibt es kein »zu alt« – weder für Träume noch fürs Kinderkriegen.

4. Leben ist Veränderung, wir dürfen also immer wieder neu entscheiden, was wir wollen und was uns guttut.

Meine Erkenntnisse

zum Thema Mama … … und noch viel mehr

1. Familie ist bunt und individuell

Wir dürfen alle selbst entscheiden, wie wir Familie leben. Für mich war es unglaublich aufregend, in die vielen unterschiedlichen Familienmodelle Einblick zu erhalten und sie zu beobachten. Ich konnte sehen, wie diese Familien funktionieren, was ihnen wichtig ist und wo ihre Herausforderungen liegen.

Alle diese unterschiedlichen Modelle haben einen gemeinsamen Nenner: Wir wollen ausnahmslos das Beste für unsere Kinder, auch wenn die jeweilige Definition von »dem Besten« unterschiedlich ist. Die Individualität der Familien sollte gefeiert statt kritisiert werden, vor allem, weil wir von jedem etwas lernen können, wenn wir nur offen für das sind, was er oder sie uns mitzuteilen hat.

2. Schubladen gibt es nur, wenn wir sie öffnen

Ein Leben ohne Bewertungen wird wohl immer Utopie bleiben, aber es liegt an uns, wie sehr und ob wir andere bewerten und ob wir die Bewertungen anderer an uns herankommen lassen. Für mich persönlich ist das beides immer noch etwas, was ich täglich üben darf. Was ich bei all diesen Interviews gelernt habe: Schubladen existieren nur, wenn wir sie aufmachen. Wir selbst haben die Wahl.

3. Auf lange Sicht steht und fällt alles mit der Liebe zu sich selbst

Es ist nicht egoistisch, wenn ich selbst ganz oben auf meiner Prioritätenliste stehe. Nur wenn ich gut für mich sorge, kann ich auch langfristig für andere gut sorgen. Me-Time ist wichtig, egal, wie lange sie dauert, und egal, wie sie aussehen mag.

4. Es gibt kein Richtig oder Falsch

Es gibt weder den richtigen Zeitpunkt noch die richtige Anzahl von Kindern noch den richtigen Weg, um Mama zu werden. Wir dürfen uns an dieser Stelle von den gesellschaftlichen Normen lösen und selbst entscheiden, wann wir was wollen. Es bringt mir nichts, wenn andere mein Leben gut oder schlecht finden. Wenn mir gerade mal wieder bewusst wird, dass mein Leben durch die Meinung anderer weder an Wert verliert noch gewinnt, sind das Momente der Freiheit.

Mama @work

Wenn die Teilzeitfalle lockt … oder sich überraschend ein kreatives Arbeitsmodell finden lässt. Alles ist erlaubt, was für die eigene Familie tauglich ist!

Familie und Beruf, gar kein Problem – oder doch? In einem Moment noch in einem wichtigen Meeting mit den Kolleg:innen und im nächsten Moment steht zum fünfzigsten Mal der Grüffelo auf dem Programm – nicht zu vergessen die Wäscheberge, das Versteckenspielen zwischendurch. Ja, das Leben als Berufstätige ist abwechslungsreich und manchmal auch herausfordernd. Aber dennoch eine echte Bereicherung, oder?

Mama @work

Auch bei diesem Thema gibt es kein Patentrezept, denn es kommt auf die individuellen Bedürfnisse der Familien an. Übrigens, laut Statistischem Bundesamt waren 2019 fast ein Drittel aller Mütter, deren jüngstes Kind jünger als sechs war, in Elternzeit. Bei Vätern: 1,6 Prozent. Zahlreiche Umfragen zeigen jedoch einen Wandel an, so steht das Modell des männlichen Alleinverdieners mit Ehefrau, die sich um Familie und Haushalt kümmert, besonders bei der kommenden Vätergeneration (18–34 Jahre) immer weniger in der Gunst (Erkenntnisse aus dem »Väterreport«). Stattdessen setzt sich der Wunsch durch, nicht mehr allein für die Finanzierung der Familie geradestehen zu müssen und sich sowohl Lebensunterhalt als auch Kinderbetreuung zu teilen.

Wir können alles haben – nur, was soll es dann sein?

Wie die passende Lösung für die eigene Familie aussieht, muss jeder selbst herausfinden. Fest steht: Die Vereinbarkeit von Beruf und Familie ist eine große Chance und gleichzeitig eine große Herausforderung. Was keiner will: Burnout oder auch Boreout, sondern ein erfülltes Leben für alle Familienmitglieder.

Im ersten Schritt solltest du dir mit deinem Partner oder deiner Partnerin also bewusst machen, welche Aufgaben zur Familienorganisation dazugehören, wie ihr diese untereinander aufteilen könnt und in welchem Bereich ihr externe Unterstützung benötigt. Gleichzeitig kann es helfen, wenn ihr die eigenen Ansprüche hinsichtlich Familie und Beruf auch kritisch hinterfragt.

Sich an dieser Stelle zu überlegen: »Was will ich wirklich?«, kann zum absoluten game changer werden. Denn Vereinbarkeit von Beruf und Familie ist fordernd, aber auch wunderschön. Ich habe für mich festgestellt, dass ich es nicht schaffe, Beruf und Familie täglich in Balance zu halten. Das war ein Punkt, der mich schier verrückt machte, da ich wirklich alles in Einklang bringen wollte, und zwar jeden Tag aufs Neue!

Meine ideale Lösung: Ich arbeite phasenweise. Also es gibt Wochen und Monate, in denen ich beruflich sehr eingespannt bin und dementsprechend stark auf mein Netzwerk zurückgreife. Genauso gibt es Wochen, in denen ich voll und ganz Mama bin.

Doch wie gesagt, die Vereinbarkeit von Beruf und Familie ist sehr individuell. Das beginnt schon mit der Frage, wer die Elternzeit übernimmt. In diesem Kapitel erzählen dir verschiedene Mütter von ihrer Lösung des Dilemmas zwischen Schreib- und Wickel- oder Basteltisch.

Elternzeit

Die Finanzierung der »arbeitslosen« Zeit ist meistens eng verbunden mit der Frage, wie lang die Elternzeit dauern soll. Oder kann. Sechs Monate, ein Jahr oder lieber drei Jahre? Darüber zu entscheiden, ohne überhaupt zu wissen, was dich und euch als Paar in dieser Zeit erwartet, ist ziemlich knifflig. Zum Glück kann meist angepasst werden (siehe Infokasten)!

Hintergrundwissen

Anspruch auf Elterngeld: § 15, Bundeselterngeld- und Elternzeitgesetz (BEEG). Rechtsgrundlagen, Begriffserklärungen und Anträge: **www.familienportal.de**
Solange die aktuelle Zahlung des Elterngeldes nicht eingegangen ist, lassen sich Vereinbarungen noch problemlos ändern. Der Arbeitgeber kann nur in schriftlicher Form und unter Darlegung dringender betrieblicher Gründe das Recht auf Teilzeit (15–30 Stunden pro Woche) während der Elternzeit ablehnen.

Nora Dauber/ Ben Behringer

Goldschmiedin / Advanced Software Solution Manager

Nora: 28 Jahre / 1 Kind / verheiratet / selbstständig
Ben: 36 Jahre / 1 Kind / verheiratet / angestellt

Lieber Ben, was hast du vor deiner Elternzeit gemacht?
Ben: Vor der Elternzeit habe ich als promovierter IT- Experte in einem großen Konzern im Bereich Unternehmensstrategie gearbeitet. Für Nora und mich war allerdings von Anfang an klar, dass ich ein Jahr Elternzeit machen werde. Erstens weil ich ein aktiver Vater sein möchte, aber auch einfach, weil Nora als Selbstständige nicht ein Jahr Pause machen kann. Seit fünf Monaten besteht nun die Hälfte meines Tages aus: Baby zum Schlafen bringen, beruhigen, wickeln und Baby beschäftigen. Die Zeit, in der sich Nora um unseren Sohn kümmert, nutze ich, um mich weiterzubilden und Ideen zu entwickeln. Im Prinzip teilen wir alles 50:50.

Ist es dir leichtgefallen, auf die Pausetaste zu drücken und in Elternzeit zu gehen?
Ben: Ja und nein. Als ich meinem Vorgesetzten sagen wollte, dass ich ein Jahr Elternzeit mache, hat er mir eine neue Führungsposition angeboten. Das schürte leider auch Neid unter den Kollegen. In dieser Hinsicht ist es mir nicht leichtgefallen. Ansonsten aber war die Entscheidung gut für mich und ich habe mich auch sehr darauf gefreut, diese Rolle einnehmen zu können.

Wie reagierte dein Arbeitgeber?
Ben: Die Reaktionen im Unternehmen waren sehr gemischt und gingen von »oh, wie toll« bis hin zu »diese deutschen Gesetze ...«. Viele waren einfach total irritiert. Ich war

der Erste in dem Unternehmen, der länger als drei Monate Elternzeit in Anspruch genommen hat.

Wie hat sich das für dich angefühlt?

Ben: Ich fand das total negativ. Ich finde, ein so großer Konzern hätte bedingungslos positiv darauf reagieren müssen. Im Prinzip wurde mir gleich suggeriert, dass ich nach der Elternzeit nicht mehr auf die gleiche Position zurück kann. Das hat mir aber keine Angst gemacht. Ich habe eine gute Ausbildung und ich wusste, dass ich immer einen Job finden werde.

Ich habe die Elternzeit genutzt, um mich zu orientieren. Ich habe festgestellt, dass ich nicht wieder in einen Konzern zurückgehen möchte, der Vereinbarkeit von Beruf und Familie nur als leere Floskel behandelt. Aus dem Grund befinde ich mich in der Gründungsphase meines eigenen Unternehmens: **TapTree,** ein Start-up, mit hoher Sinnhaftigkeit für bargeldlosen Zahlungsverkehr, das auch klimatechnisch Verantwortung übernimmt und die Zukunft mitgestalten möchte, genau wie ich als Vater.

War für dich, Nora, klar, dass Ben die Elternzeit übernimmt?

Nora: Durch meine Selbstständigkeit war einfach klar, dass ich nicht zwölf Monate zu Hause bleiben kann oder auf Dauer nur Teilzeit arbeiten möchte. Aktuell passt es aber sehr gut, dass ich stundenreduziert arbeite. Dinge am PC mache ich jetzt meist abends oder ich nehme meinen Sohn auch mal ins Geschäft mit, das ist lustig. Ich bin auch so aufgewachsen.

Fällt dir die Trennung von eurem Sohn schwer?

Nora: Nein, ich bin ja auch nie weit weg und am Anfang immer nur ganz kurz. Da wir beide viel mit dem Baby machen, weiß ich genau, dass Ben das gut kann. Ich genieße es sehr, dass ich arbeiten kann. Das ist einfach Zeit für mich. Es ist fast wie meditieren.

Wie sieht eure aktuelle Aufteilung aus?

Nora: Gerade machen wir es so, dass ich unseren Sohn morgens betreue und Ben ab mittags. Einfach, weil Ben morgens konzentrierter an seinem Projekt arbeiten kann und ich immer schlecht aus dem Bett komme: Ich bleibe einfach mit unserem Sohn liegen. Ich stehe dann manchmal auch erst um halb neun auf. Dann frühstücke ich, gehe mit Hund und Baby spazieren und noch einkaufen. Dann koche ich, wir essen zusammen und dann gehe ich arbeiten.

Teilt ihr euch auch die Nächte?

Nora: Soweit es geht. Stillen ist die einzige Aufgabe, die nur ich übernehmen kann. Wir teilen aber alles, so gut es geht. Für den, der zu Hause ist, ist der Tag ja auch anstrengend!

Findest du, es ist von Vorteil, dass ihr beide alles macht? Hat man dann ein besseres Verständnis füreinander?

Nora: Ja, ich finde schon. Stillen ist ja das Einzige, was wir uns nicht teilen können und da merke ich schon, dass Ben es versucht zu verstehen, aber es einfach nicht nachvollziehen kann, dass mich das schlaucht. Das nehme ich ihm auch gar nicht übel, aber ich bin manchmal total fix und fertig, wenn unser Sohn am Tag oft gestillt werden wollte. Ben versteht dann manchmal nicht, warum ich schon um acht Uhr abends schlafen könnte.

Ben: Ich kann das rational verstehen, aber ich kann es nicht nachempfinden.

Gibt es etwas, das du an eurer Aufteilung ändern wollen würdest?

Nora: Unsere Aufteilung ist gut, ich würde zwar gerne noch mehr arbeiten, aber ich will auch keine Kinderzeit hergeben, von daher passt das alles. Ich finde es so cool, dass wir uns das beide aufteilen, weil ich weiß, dass Ben auch alles kann. Ben war zum Beispiel auch mal mit unserem Sohn allein im Babyschwimmen, da waren die anderen Mütter völlig irritiert. Für uns beide ist es so die ideale Lösung.

Ja, es geht: Beide Elternteile können sich verwirklichen UND die Zeit mit dem Baby genießen.

CARMEN BACHMANN

Moderatorin

44 Jahre / 4 Kinder / verheiratet / angestellt

Elternzeit ist nicht gleich Elternzeit

Carmen beweist genau das, denn während die vierfache Mama bei ihren ersten beiden Kindern bis zum Kitastart weitestgehend zu Hause geblieben ist, ging sie bei ihren jüngeren Töchtern direkt nach dem Mutterschutz wieder arbeiten.

Carmen wurde mit 20 Jahren zum ersten Mal Mutter. Damals lag ihr Traumjob als Moderatorin noch in weiter Ferne. So kam es, dass sie die Elternzeit und somit auch den Hauptanteil der Care-Arbeit übernahm. Nebenbei jobbte sie stundenweise und nahm Schauspielunterricht.

Hammerhart war's ...

»Bei der Großen war ich acht Monate lang zu Hause, dann ist mir extrem die Decke auf den Kopf gefallen und ich bin stundenweise zurück an die Schauspielschule gegangen. Als mein Sohn dann auf die Welt gekommen ist, hatte ich schon wieder mit der Schauspielschule aufgehört, aber auch dann habe ich zumindest stundenweise bei der Post gejobbt. Richtig regelmäßig angefangen zu arbeiten habe ich erst, als mein Sohn eineinhalb Jahre alt war. Erst zu dem Zeitpunkt bekam ich den Traumjob als Sprecherin.

Insgesamt waren die zehn Jahre zwischen meinem 21. und 31. Lebensjahr hammerhart, sehr anstrengend und sogar finanziell prekär für mich. Ich wusste nie, wie es weitergeht und wie ich das alles hinbekommen sollte. Ich hatte schon Träume, welchen Beruf ich will. Aber – ob das alles so klappen würde?«

Das tat es. Was als stundenweiser Sprecherjob für die ARD begann, führte zu einer erfolgreichen Karriere als Hörfunk- und Fernsehmoderatorin beim saarländischen Rundfunk. Carmen liebt ihren Job und das war auch der Grund, warum sie bei ihren jüngeren Töchtern nach dem Mutterschutz wieder angefangen hat zu arbeiten.

»Bei den beiden kleineren Kindern habe ich immer nur Schichten übernommen, die drei oder vier Stunden am Stück dauerten.

Carmen ist schon unterwegs, Papa kümmert sich um die Lunchboxen.

Dass ich keine Elternzeit nahm, hatte einerseits wirtschaftliche Gründe, weil mein zweiter Mann bei unserem ersten gemeinsamen Kind auch noch studierte, andererseits wollte ich nicht länger aussteigen. Meine Arbeit ist mir einfach total wichtig. Dass ich in diesen Beruf reingekommen bin und ihn weiter ausüben kann, hatte für mich immer oberste Priorität.«

Ganz besonders lang im Gedächtnis blieben mir Carmens Überlegungen zur Mamarolle: »Wichtig finde ich, dass man sich selbst nicht verliert. Ich glaube, wenn man nichts macht, außer Mutter zu sein, gibt es kaum noch ein Ich. Das darf man nicht falsch verstehen, Mutter zu sein ist eine total schöne Rolle und mich nervt es auch extrem, dass ich so wenig Zeit dafür habe. Wenn man aber gar nicht mehr als eigenständiger Mensch auftritt, sondern immer nur in seiner Mutterrolle ist, dann verliert man ganz viel von sich.

Und man muss sich einfach eingestehen, dass das eine Rolle auf Zeit ist. Teenies wollen gar nicht mehr so viel mit dir zu tun haben. Im Alter von 25 spätestens sind sie auch hoffentlich finanziell unabhängig und ausgezogen. Wenn es gut läuft, hat man dann noch 30 bis 40 Jahre vor sich, die man auch »nur mit sich« füllen muss.

In dieser Hinsicht spielt auch der Beruf eine wichtige Rolle, weil man dort mit Menschen zusammen ist, für die man nicht gleich Mutter ist. Für die gilt man dann beispielsweise als jemand, der gute Meldungen schreiben kann. Und nicht nur als jemand, der sich aufregt, wenn überall Krümel herumliegen! Diese andere Rolle finde ich extrem wichtig.«

Wenn man kleine Kinder hat, scheint die Phase, in der man gebraucht wird, schier endlos zu sein. Treten wir einen Schritt zurück, wird plötzlich klar, dass wir wirklich nur kurz in der Rush Hour des Lebens verweilen. Was einerseits verdeutlicht, wie wertvoll die Zeit mit unseren Kindern ist, und andererseits zeigt, dass wir uns selbst treu bleiben müssen. Carmen ist eine dieser Frauen, die ihren Weg gehen, und es hat mir Mut gemacht, zu sehen, wie flexibel man auch in seiner Mutterrolle sein kann.

Als wir den Termin für das Interview und das Shooting ausmachten, sagte sie mir, ich solle morgens um halb sieben zu ihr nach Hause kommen, dann könnte ich am authentischsten ihren Familienalltag festhalten. Im zweiten Satz sagte sie mir dann, dass ich sie erst später auf der Arbeit treffe. Ihr Mann übernehme die Frühschicht mit den Kindern.

Papa: Morgenroutine

So kam es, dass ich morgens bei einer fremden Familie klingelte und dokumentierte, wie sie sich für den Tag fertig machte. Da wurden vom Papa Haare gekämmt, Frisuren gezaubert, Brote geschmiert und alles, was sonst noch dazugehört. Es wäre gelogen, wenn ich behaupten würde, es hätte mich nicht fasziniert. Bei uns ist diese Aufgabenverteilung eher die Ausnahme. Bei Bachmanns ist es der Alltag.

Damit dieser auch reibungslos funktioniert, gibt es wöchentliche Planungssitzungen. »Mein Mann und ich arbeiten beide sehr engagiert in unseren Berufen, und wenn man

Die erste Frage geht an ... Papa!

dann noch ein Sozialleben haben möchte, muss man eben auch mit Freunden feste Termine ausmachen. So kommt es, dass ich in den nächsten drei Monaten vielleicht nur drei nicht verplante Tage habe. Ich finde das ganz anstrengend, aber es lässt sich aktuell nicht anders machen.

Ich arbeite auch häufig am Wochenende, das ist einfach Teil des Jobs. Wenn ich einen freien Tag habe, unternehmen wir was mit den Kindern und Freunden. Wir gehen wandern, grillen oder besuchen meine Eltern oder Schwiegereltern. Das muss ich mir aber vorher fest einplanen.«

Wenn man das Leben von Carmen von außen betrachtet, scheint sie ihre Ideallinie im Leben gefunden zu haben, denn sie schafft es, all die Dinge, die ihr wichtig sind, miteinander zu vereinbaren. So hat sie trotz der 40- oder 50-Stunden-Woche jeden Mittag mehrere Stunden Quality-Time mit ihren Töchtern.

Ein erster Schritt hin zu dieser Ideallinie ist wohl zu wissen, wohin man selbst eigentlich will. Bevor du dich also in den vielen Winkeln der Elternzeit und der Rückkehr in den Job verlierst, frag dich doch mal: **Was will ICH?**

Mittagszeit = Mamazeit

Wie kann Elternzeit heute aussehen?

SONJA

Ich nahm zwölf Monate Elternzeit, mein Mann ging weiter arbeiten. Diese Variante wählten wir aus wirtschaftlichen Gründen, aber auch, weil es irgendwie jeder so machte.
Damals ging ich noch davon aus, dass mich die Mutterrolle voll und ganz erfüllen würde. Meine Realität war eine andere. Die Elternzeit und die damit verbundene Langweile haben mich schlichtweg fast in den Wahnsinn getrieben. Ich habe zwar nach acht Wochen zumindest stundenweise gearbeitet beziehungsweise studiert, aber das reichte mir nicht. Das Anstrengendste war das ständige beschämte Gefühl, dass mir das nicht reichte. Ich wollte mehr und gestand es mir nicht ein.
Heute würde ich die Elternzeit anders lösen, ich würde mir Unterstützung einfordern und darauf achten, dass ich nicht nur die Bedürfnisse des Babys erfülle, sondern auch meine eigenen.

MELANIE

Für unsere beiden Kinder hatte ich drei beziehungsweise zwei Jahre Elternzeit beantragt. Je selbstständiger sie wurden, desto mehr fehlte mir meine Arbeit, anderen Menschen zu helfen, das Gefühl, gebraucht zu werden. Ich bin froh, dass in beiden Fällen die Möglichkeit bestand, meine Elternzeit zu verkürzen. So bin ich jeweils nach eineinhalb Jahren an meinen Arbeitsplatz zurückgekehrt.

SABRINA

Mein Mann und ich haben beide Elternzeit genommen, bei beiden Kindern. Dabei haben wir uns bei Kind zwei bewusst für eine längere Elternzeit entschieden. Hauptsächlich, um als Familie mehr Zeit miteinander zu haben, einander kennenzulernen und in den neuen Alltag gemeinsam hineinzuwachsen. Für uns alle eine wunderschöne Erfahrung, die wir nicht missen möchten!

KATHRIN

Da ich deutlich mehr verdiene, bin ich beim ersten Kind nach sechs Monaten wieder arbeiten gegangen. Das war anfangs echt schwer, vor allem wegen meiner 24-Stunden-Dienste. Da ich aber wusste, dass mein Mann auf den Zwerg aufpasst, war ich entspannter. Tagesmutter oder Kita mit sechs Monaten hätte ich schon hart gefunden. Ich brauche die Arbeit, sie tut mir und somit auch der Familie gut. Für uns funktioniert es, weil jeder von uns beiden seinen Part gefunden hat.

JOANA KRATZ

Pfedewirtin-Azubi & Marketingmanagerin

31 Jahre / 2 Kinder / liiert / angestellt

Warum hast du dich mit Anfang 30 noch mal für eine neue Ausbildung entschieden?

Mit Pferden zu arbeiten war schon immer meine Leidenschaft – als Beruf ist es ein großer Lebenstraum. Doch kurz nach dem Abitur hat mir der Mut gefehlt, mich für meine Leidenschaft stark zu machen. Der ständige »gut gemeinte Rat« meiner Eltern, erst mal etwas Anständiges zu studieren, machte mich zur BWL-Studentin. Heute weiß ich mehr darüber, was ich will und mit welchem Einsatz ich meine Ziele erreichen kann.

Die Leidenschaft für Pferde teilt Joana mit ihren Kindern und ihrem Mann. So wird die »Arbeit« zur Familiensache.

Hattest du Bedenken, dass es dir durch die Doppel- oder sogar Dreifachbelastung zu viel wird?

Ja, selbstverständlich. Manchmal habe ich das Gefühl, dass ich keiner der drei Rollen zu 100 Prozent gerecht werde. Aber dann wird mir wieder bewusst, dass Rom auch nicht an einem Tag gebaut wurde. Ich habe gelernt, mich auf das Hier und Jetzt zu konzentrieren und mich nicht von To-do-Listen verrückt machen zu lassen.

Wie meisterst du dein Arbeitspensum?

Die Energie und Motivation kommen eigentlich ganz von alleine, weil ich das tue, was ich liebe. Wie schon gesagt, lasse ich mich nicht verrückt machen von Dingen, die ich heute nicht mehr fertig bekomme. Manchmal kann es schon stressig werden, wenn ich in beiden Jobs Projekte mit Deadlines habe und die Familie auch nicht zu kurz kommen soll.

Was ist dein Tipp an andere Mütter, die sich vielleicht auch gerne beruflich umorientieren würden?

Natürlich muss das Grundeinkommen immer gesichert sein. Mit der Verantwortung für ein Kind steht das selbstverständlich immer an erster Stelle. Aber ich kann jedem nur raten, das zu tun, wofür man leidenschaftlich brennt.

Der Spruch »Tue das, was du liebst, und du musst keinen einzigen Tag in deinem Leben arbeiten« trägt viel Wahrheit in sich. Ich brenne einfach für die Arbeit mit den Pferden. Und ich bin deutlich selbstbewusster und unabhängiger geworden. Trotz oder vielleicht sogar wegen der Verantwortung für meine Kinder. Doch es lebt sich so viel leichter, weil ich Freude an meinem Job habe. Wenn die innere Stimme immer lauter wird, dann sollte man auch auf sie hören.

Caroline Nichols

Unternehmensgründerin

35 Jahre / 1 Kind / verheiratet / selbstständig

Du bist Vollblutunternehmerin und seit ein paar Monaten auch Mama. Wie schaffst du es, beide Rollen zu vereinbaren?

Das fragen mich tatsächlich ganz viele Menschen. Für mich ist **3Bears** fast wie mein erstes Kind. Natürlich höre ich nicht auf, mich um mein »Unternehmenskind« zu kümmern und zu sorgen, nur weil unser Sohn da ist. Die Entscheidung für die Elternzeit habe ich zwar bewusst getroffen, doch als ich beim Stillen so viel herumsaß, habe ich gemerkt, dass sehr viel Kreativität in mir schlummerte.

Mein Mann Tim und ich sind der Meinung, dass es besser für **3Bears** ist, wenn wir beide als Unternehmer dafür tätig sind. Dadurch, dass **3Bears** Passion und Hobby zugleich ist, habe ich schnell gelernt, vorhandene Freiräume zu nutzen. Während der Kleine schläft, kann ich auch andere Dinge tun. Ich habe mir Unterstützung für den Haushalt gesucht, damit ich meine freie Zeit nutzen kann, um meine Kreativität auszuleben.

Ich arbeite meist morgens, wenn mein Sohn schläft. Manchmal führe ich auch Gespräche mit potenziellen neuen Produzenten, während wir spazieren gehen. Oder ich arbeite abends noch ein bisschen, wenn mein Sohn schon im Bett ist.

Wie organisierst du dich zukünftig, wenn der Mittagsschlaf vielleicht ganz wegfällt?

Wenn er Beikost bekommt, gehe ich an zwei Vormittagen wieder ins Büro. An diesen Tagen wird sich mein Mann um die Kinderbetreuung kümmern. Wir haben uns dazu

entschlossen, unseren Sohn erst mit 14 Monaten in die Kita zu geben. Bis dahin betreuen wir ihn zu Hause. Mein Ziel ist es, bis zum Kitastart an vier Vormittagen wieder ins Büro zu gehen.

Das passt super, denn mein Mann möchte bewusst mehr Zeit mit unserem Sohn verbringen, und das nicht nur abends, bevor er ins Bett geht. Ich freue mich auf jeden Fall schon sehr darauf, wirklich vier Stunden am Stück konzentriert im Büro arbeiten zu können. Zurzeit weiß ich nie, wie lang meine Arbeitseinheit geht, das kommt immer auf die Schlafenszeiten an.

Wie sieht dein Alltag so aus?

Vor meinem Kind war ich sehr organisiert. Ich war auch immer schon frühzeitig vorbereitet, habe nie etwas auf den letzten Drücker gemacht. Das ist aktuell alles eher spontan, da die Tage mit Kind sehr unterschiedlich sind. Ich bin aber der Meinung, dass sich so langsam eine Routine entwickelt, wobei sich das auch alles wieder ändern kann. Ich lege meine Termine zurzeit so, dass sie in der Phase stattfinden, in der mein Sohn (meistens) schläft.

Gleichzeitig gehe ich auch ganz offen damit um und sage meinem Gesprächspartner, dass es eventuell auch lauter werden könnte, da mein Sohn bei mir ist. Bei Meeting-Anfragen sage ich häufiger: »Vielleicht kann ich dabei sein. Ich möchte gerne, aber vielleicht klappt es auch nicht.« Durch dieses »vielleicht« nehme ich den Druck für mich raus. Ich bin dann auch nicht böse, wenn ich nicht dabei sein kann.

Ich habe die Situation so angenommen, wie sie ist. Es lässt sich einfach nicht alles planen und das ist auch okay so. Die Umstellung ist mir tatsächlich nicht so schwergefallen, aber vielleicht hat das auch etwas mit der Gründung unseres Unternehmens zu tun.

Ich habe vor der Gründung von **3Bears** sechs Jahre lang in einem Unternehmen mit festem Einkommen, festen Strukturen und geregelten Abläufen gearbeitet. Bei einer Gründung ist am Anfang alles chaotisch und dann entwickelt man eigene Strukturen und Routinen. Ich denke, das ist mit Kindern ähnlich. Ich schätze das sehr und ich mag Veränderungen.

Wie hat dein Umfeld darauf reagiert?

Ich glaube, dass viele aus unserem Umfeld durchaus fasziniert davon sind, wie locker und entspannt das alles klappt. Viele fragen mich ganz verwundert: »Arbeitest du schon wieder?« Ich bin der Meinung, dass wir mehr als nur eine Rolle ausfüllen können und in »schon wieder« liegt ja auch eine Bewertung. Ja, ich arbeite ab und an für unser Unternehmen, aber warum auch nicht? Ich glaube, es ist bei den meisten eine Mischung aus Ver- und Bewunderung. Ich weiß es nicht.

Jetzt, da ich operativ nicht mehr gebraucht werde, spüre ich die Muße. Es kommen mir

Mein Tipp für dich

3Bears (veganer Porridge mit Fruchtstückchen, ohne Zuckerzusatz) wurde 2017 gegründet und landete einen sensationellen Erfolg – nicht nur dank »Die Höhle der Löwen«. Bei **»Carolines Küchenzauber«** (YouTube) stellt sie regelmäßig neue, auch deftige Porridgerezepte vor.

Caroline lebt ihre Kreativität auch in der Elternzeit bewusst aus, um ihr erstes Kind, **3Bears,** wachsen zu lassen.

ganz viele Einfälle! Ich glaube ehrlich gesagt, dass ich kreativer und entspannter bin als in den vergangenen drei Jahren. Als Mutter kommen mir auch wieder ganz neue Ideen. Es kommt mir so vor, als würde ich mich durch unsere eigene Zielgruppe bewegen. Wenn ich jetzt in Drogeriemärkten einkaufen gehe, dann ist das ein Marktforschungstrip für mich. Natürlich schaue ich dann alle Food-Regale durch.

Wie löst ihr Konflikte, wenn es mal nicht so läuft? Beeinflussen diese dann auch euer Privatleben?

Natürlich geht bei uns auch mal was schief oder einer von uns macht einen Fehler oder wir stehen vor einer großen Herausforderung. Dann besprechen wir die Situation und diskutieren darüber. Tim und ich sind beide sehr meinungsstark und gleichzeitig sehr harmoniebedürftig. Wir diskutieren immer sehr sachlich und gehen nie im Streit ins Bett. Falls wir mal überhaupt nicht auf einen grünen Zweig kommen, lassen wir es auch gut sein.

Ich schätze Tims Meinung sehr, ich bin eher so die Macherin und er der Perfektionist. Er ist Meister darin, die richtigen Fragen zu stellen. Ein Beispiel: Wir haben eine neue Kochshow auf YouTube, »Carolines Küchenzauber«, damit hat er nichts zu tun. Doch an dem Tag, als wir die erste Folge drehen wollten, kam er dazu und stellte ein paar Fragen. Manchmal bin ich dann im ersten Moment schon genervt, aber ich weiß, dass es durch seinen Input besser wird.

Unternehmenskind und leibliches Kind – wie habt ihr das in euren Lebensplan eingepasst?

Es ist tatsächlich schwierig, den richtigen Zeitpunkt für ein Baby zu finden. Ich denke, den perfekten Zeitpunkt gibt es tatsächlich nicht. Als es nach unserem TV-Auftritt mit **3Bears** so durch die Decke ging, hatte ich schon Bedenken, ob der richtige Zeitpunkt dafür überhaupt noch kommt. Irgendwann haben wir noch mal darüber gesprochen und festgestellt, dass es den perfekten Zeitpunkt wohl nie geben wird.

Als ich dann schwanger war, hat uns das ein wenig unter Druck gesetzt. Ich habe mich dann selbst »abkömmlich« gemacht und neue Leute eingestellt. Das war ein total befreiendes Gefühl. Ich denke, drei Jahre nach der Gründung ist auch ein guter Zeitpunkt, um sich aus dem operativen Geschäft ein Stück weit zurückzuziehen.

»Mein Mann möchte bewusst mehr Zeit mit unserem Sohn verbringen, und das nicht nur abends, bevor er ins Bett geht.«

Man kann nicht am Unternehmen arbeiten, wenn man noch voll und ganz im Unternehmen arbeitet. Jetzt ist es an der Zeit, das Unternehmen strategisch weiterzuentwickeln und noch mal kreativer zu werden, Talente zu finden und auch zu binden. Ich kann mich nun um ganz andere Themen kümmern – und das ist spannend.

Wirst du komplett in den Job zurückkehren, wenn euer Sohn mit 14 Monaten in die Krippe geht?
Das Schöne ist, dass ich mich nicht auf irgendetwas festlegen muss. Wir haben einen Kitaplatz, aber der ist superflexibel. Am Anfang buchen wir den Platz nur für halbtags, wir können uns aber Monat für Monat umentscheiden. Wenn in einem Monat dann zum Beispiel viele Reisen anstehen und er das gut mitmacht, kann ich meinen Sohn mitnehmen. Wenn nicht, ist das auch okay. Ich mache mir keinen Druck, es muss nicht perfekt sein. Ich denke dadurch, dass ich so entspannt bin, ist er auch so entspannt.

Wie sieht für dich das Familienkonzept einer »modernen« Mutter aus?
Das ist für mich eine Mutter, die sich selbst verwirklicht, egal, auf welche Art und Weise. Ob zu Hause, im Job, im Homeoffice oder in einer Teilzeitstelle, mit Mann oder auch ohne. Ich finde, eigene Entscheidungen zu treffen und das Richtige für sich und sein Kind auszuwählen, das beschreibt die »moderne Mutter«.

Wir sollten alle etwas offener sein und weniger be- und verurteilen, das passiert in Deutschland leider sehr schnell. In anderen Ländern gibt es beispielsweise das Wort Rabenmutter überhaupt nicht.

Was ist dein absoluter Geheimtipp für andere Mütter?
Ich bin ja selbst noch nicht allzu lange Mama, deshalb fühle ich mich in der Rolle immer noch neu, aber ich versuche mich schon jetzt nicht von diesen Vergleichen anstecken zu lassen. Ich hoffe, das kann ich beibehalten.

Wenn eine Mama merkt, dass sie diese Rolle allein nicht erfüllt, würde ich immer raten: Such dir noch eine andere Aufgabe und besprich das offen mit deinem Partner. Es ist wichtig, dass man auch als Mama auf seine eigenen Bedürfnisse achtet und selbstbestimmt bleibt.

10 Fragen, 10 Gelegenheiten zum Überlegen

Wo stehst du im Gedankenkarussell um Kind und Karriere?

1. Wachst du morgens auf und denkst (meistens): Ich freue mich auf den Tag?

2. Freust du dich, weil du etwas mit den Kindern geplant hast?

3. Bist du häufig von deiner Arbeit (Kolleg:innen, Arbeitspensum, Kund:innen) genervt?

4. Falls du die Kinder abholst: Kommst du meistens zu spät?

5. Holst du auf dem Spielplatz als Erstes das Smartphone raus?

6. Bist du für die Arbeit immer erreichbar?

7. Was machst du als Erstes, wenn du nach der Arbeit die Kinder abgeholt hast und nach Hause kommst?

8. Hast du ein schlechtes Gewissen gegenüber deinen Kolleg:innen, wenn dein Kind krank ist und du zu Hause bleiben musst?

9. Planst du neben Kind und Karriere auch Auszeiten für dich alleine ein?

10. Was war das Schönste, was du in letzter Zeit mit deinen Kindern zusammen gemacht hast?

JUTTA SCHMITT-LANG

Landtagsabgeordnete (MdL) & Gymnasiallehrerin

38 Jahre / 2 Kinder / verheiratet / freies Mandat

Mama, die Karrierefrau

Eine Tür, die sich nur einmal öffnet: Die Deutsch- und Französischlehrerin in Teilzeit trat hindurch und wurde zur Politikerin mit einer 50-Stunden-Woche. Die Umstellung war zu Beginn vor allem für Jutta selbst sehr groß. »Ich wurde mitgerissen von einem Tsunami der neuen Eindrücke.«

Ihre Tochter hat von alledem nicht viel mitbekommen. Bis auf die Tatsache, dass die Mamazeiten ein wenig kürzer waren und sie nun häufiger von Papa oder den Großeltern im Kindergarten abgeholt wurde. »Klar war alles eine Zeit lang etwas chaotisch, aber im Prinzip hatten sich die Dinge in erster Linie nur für mich und meinen Mann geändert.

Vor dem Amtsantritt war ich diejenige, die den Hauptteil der Care-Arbeit übernommen hatte, danach übernahm er diesen Part. Das war auch kein Problem, ich hatte zu keinem Zeitpunkt das Gefühl, dass uns als Familie oder unserer Tochter dadurch etwas fehlt.«

Ein felsenfestes Netzwerk

Das Leben einer Politikerin ist turbulent: Kein Tag gleicht dem anderen, Termine ändern sich regelmäßig und freie Wochenenden gibt es selten. Umso mehr schätzt Jutta ihren Mann als Fels in der Brandung. Er ist ihre unumstößliche Konstante im Alltag, die Familie ihr persönliches Backup-System. Sie sagt, ohne diese Voraussetzungen würde sie diesen Job wahrscheinlich nicht machen. Es gibt ihr ein gutes Gefühl, dass sie um Menschen an ihrer Seite weiß, die sie immer unterstützen, ob beruflich oder privat.

Als Politikerin hat sie zwar theoretisch viele Freiheiten. So gibt es beispielsweise keine Maximalzahl von Urlaubstagen und auch keine festen Termine jenseits der Landtagssitzungen. Dennoch führen die vielen Freiräume bei Jutta meist dazu, dass sie immer noch eine Schippe drauflegt. Denn schließlich will sie mithalten im Zirkus der Politik. Positiv ist, dass sich die Wochenendtermine meistens gut mit der Familie vereinbaren lassen.

Doch es gibt auch Schattenseiten, deren Bewältigung Jutta als Mutter nicht immer leichtfällt. So richtig bewusst wurde ihr die Kehrseite erst, als sie mit ihrer zweiten Tochter schwanger und schon sechs Wochen nach der Geburt wieder voll zurück im Job war.

»Ich wusste sehr genau, was ich gerade verpasse, und ich habe mehr als einmal zu meinem Mann gesagt, dass ich neidisch auf ihn bin, weil er das jetzt erleben kann und ich nicht. Es sind Augenblicke, die bekommt man nie wieder zurück. Ich habe die Zeit mit Baby vermisst, das merke ich heute immer noch.«

Der Preis der Politik

Als Politikerin im Amt hat man in Sachen Elternzeit keine Wahl, längere Auszeiten lassen sich mit einer Position als MdL einfach nicht vereinbaren. Es ist der berühmte Preis, den man bereit sein muss zu zahlen. Doch den zahlt Jutta im Großen und Ganzen gerne, auch wenn sie Pflichtveranstaltungen an traditionellen Familienfesten wie Nikolaus grausam findet.

Ihre Position als Landtagsabgeordnete ist ein Amt auf Zeit, das theoretisch mit jeder neuen

Der Spagat zwischen Politik und Familienleben fällt Jutta leicht – die Zeitabstriche dagegen sind manchmal schwerer zu schultern.

Wahl enden kann. Aus diesem Grund genießt sie es, bei den unterschiedlichsten Themen mitwirken zu können und die Zukunft ihrer Kinder auch auf politischer Ebene mitgestalten zu können. Jutta ist eine Frau, die ihren Job liebt, und deshalb ist es am Ende auch egal, ob sie 30 oder 50 Stunden pro Woche arbeitet. Sie ist glücklich und ihre Familie ist es auch. Das ist es, was am Ende zählt.

Zweifel, ob sie auf dem richtigen Weg ist, kommen ihr nur selten, und wenn, werden ihr diese eher von außen aufgezwungen. Es sind die vielen kleinen Anmerkungen von anderen, die ihr Lebensmodell nicht nachvollziehen können. »Du bist aber viel unterwegs, vermissen dich deine Kinder dann nicht?« oder »Du kommst aber immer spät nach Hause, dann sind die Kinder ja schon im Bett«, sind die Vorwürfe, die sie an nicht so guten Tagen mürbe werden lassen.

Für mich stellt sich dabei die Frage: Ist es nicht absolut übergriffig, wenn man versucht, das eigene Lebensmodell auf andere zu projizieren, nur weil deren Arrangement außerhalb der eigenen Vorstellungskraft liegt? Wurde ein Mann jemals mit solchen Aussagen konfrontiert? Ich glaube nicht. In dieser Hinsicht darf unsere Gesellschaft noch ein Stückchen offener werden!

Genau das ist es, was sich auch Jutta wünscht, denn sie zwingt umgekehrt ja auch keiner anderen Familie ihr eigenes Lebensmodell auf. Das Schöne daran ist, dass jeder diese Veränderung mitgestalten kann. Es gibt Frauen, die vollkommen erfüllt von ihrer Mutterrolle sind, aber es gibt eben auch Mütter, die sehnen sich nach zusätzlich etwas anderem, so wie Jutta.

Zeit mit Erwachsenen

Jutta ist ein sehr kommunikativer Mensch und liebt den Austausch mit anderen Menschen. Sie sagt ganz klar: »Ich brauche Menschen um mich herum, die in ganzen Sätzen mit mir sprechen.« Eine Aussage, die ich vollkommen nachvollziehen kann. Wenn ich abends um sechs das erste Gespräch mit einem anderen Erwachsenen führen kann, treibt mich das in den Wahnsinn. Etwas anderes zu behaupten wäre glattweg gelogen.

Zum Abschluss wollte ich von Jutta noch wissen, was ihre größte persönliche Herausforderung ist: »Mir weniger Gedanken zu machen: Mache ich alles richtig? Werde ich diesem oder jener gerecht? Denn phasenweise erfülle ich all meine Rollen. Es ist herausfordernd, auf sein Bauchgefühl zu hören, loszulassen und anzunehmen, dass andere es anders machen. Doch im Prinzip weiß man ganz genau, wann man als Mama gebraucht wird. Man sollte einfach auf sein Herz und seinen Bauch hören.«

Ina Gewald

Maschinenbauingenieurin

32 Jahre / 2 Kinder / verheiratet / angestellt

Liebe Ina, nimm uns mal mit in deine Welt. Wie bist du zu deiner Berufswahl gekommen?
Ich war immer eine sehr gute Schülerin und hatte großes Interesse an Naturwissenschaften. Mit Luft- und Raumfahrttechnik, ein anspruchsvoller Studiengang, fühlte ich mich geistig gefordert. Maschinenbau wird allgemein noch oft als Männerberuf wahrgenommen. Ich hatte große Freude dabei, zu beweisen, dass auch eine Frau darin erfolgreich sein kann.

Du warst als erste Frau im Team und damit das erste Mitglied, das schwanger wurde. Wie war das für dich?
Zum Glück gab es in einem anderen Team bereits eine Frau, die mir in dieser Hinsicht den Weg geebnet hat. Generell empfand ich die Situation auf der Arbeit als etwas unangenehm. Ich finde, Männer können einfach bis zur Geburt weiterarbeiten wie bisher. Bei Frauen hingegen fällt die Schwangerschaft nach kurzer Zeit schon auf.

Nachdem ich meine Schwangerschaft bekannt gegeben hatte, bekam ich kaum mehr größere und spannende Projekte. Ich war sozusagen eine Art »Auslaufmodell«. Aus Unternehmenssicht war das völlig verständlich und ich wurde nicht diskriminiert oder so, ich fand es für mich persönlich eben nur sehr schade. Außerdem war es für mich spürbar, dass meinen Vorgesetzten eine verkürzte Elternzeit lieber gewesen wäre.

Hättest du dir vorstellen können, dass dein Mann die Elternzeit übernimmt?
Ich habe insgesamt 17 Monate gestillt, von daher wäre es für mich nicht denkbar gewesen, dass mein Mann die Elternzeit übernimmt. Den Wunsch, wieder arbeiten zu gehen, hatte ich aber tatsächlich schon nach ungefähr acht Monaten. In den Job eingestiegen bin ich aber erst nach 15 Monaten.

Die Zeit mit meinen Kindern ist sehr wertvoll für mich. Ich weiß, dass ich nicht unendlich viele Kinder bekommen werde, und sie werden auch so schnell groß. Deshalb war es mir wichtig, als Mama in der ersten Zeit da zu sein.

Wie sah euer persönliches Vereinbarkeitsmodell aus?
Für mich war klar, dass ich etwa ein Jahr nach der Geburt wieder in den Job einsteigen möchte. Gleichzeitig wollten wir unseren Sohn bis zum zweiten Lebensjahr zu Hause betreuen. Die Lösung sah dann so aus, dass wir beide in Teilzeit arbeiteten. Mein Mann reduzierte seine Arbeitszeit auf 28 Stunden pro Woche und ich von 42 auf 20. Für uns war das die optimale Lösung.

Mein Mann ist der geborene Vater, er kommt im chaotischen Familienalltag teilweise besser klar, weil er viel gelassener ist als ich. Ein Vorteil von unserem Teilzeitmodell war auch, dass die Vater-Sohn-Beziehung dadurch noch stärker wurde.

Hast du das Gefühl, als Mutter in Teilzeit muss man sich beweisen?
Ja, teilweise schon. Ich hatte beispielsweise Skrupel, diese »Kinderkrank-Tage« zu nehmen, da reagiert der Arbeitgeber bei einer »ohnehin-nur-Teilzeitkraft« nicht unbedingt mit Begeisterung. Als ich schwanger war, bin ich auch arbeiten gegangen, obwohl es mir manchmal richtig schlecht ging. Ich wollte mir in diesem männerdominierten Job nicht die Blöße geben, schwach zu wirken.

Ich will als Frau/Mutter ebenso viel leisten wie die Männer, auch in der Schwangerschaft. Vielleicht wollte ich die Mutterfahne hochhalten, weil ich natürlich auch möchte, dass der Arbeitgeber Mütter als genauso produktiv empfindet und somit auch mehr Mütter einstellt.

Wie sieht für dich die »moderne Mutter« aus, hast du gleich ein Bild vor Augen?
Die meisten Mütter, die ich kenne, hetzen zwischen den Welten Job und Familie hin und her. Sie fühlen sich von dem Druck, dass sie alles machen müssen/können/sollen/dürfen, zerrissen. Wobei ich nicht weiß, ob der Druck aus uns selbst entsteht oder ob das von der Gesellschaft kommt.

Es fühlt sich für mich so an, als hätte man nur die Wahl zwischen der Schublade »Rabenmutter« oder »faule Mutter«. Man kann es wohl nie richtig machen. Ich fühle mich oft durch die Gesellschaft oder Außenstehende zu Dingen gedrängt, die mich eigentlich nicht glücklich machen.

Hattest du Bedenken, wieder in den Job zurückzukehren?
Ich finde es wichtig, dass Mütter wieder in den Job einsteigen können, wenn sie möchten. Jetzt habe ich auch zehn Wochen nach der Geburt meines zweiten Sohnes das Gefühl, ich könnte schon wieder ein bisschen arbeiten gehen. Das Hirn anstrengen, Mit-

Gender Pay Gap

Laut Statistischem Bundesamt lag im Jahr 2019 der Bruttostundenverdienst von Frauen 20 Prozent unter dem von Männern. Der Unterschied ist branchenunabhängig. Der Gender Pay Gap gilt als Indiz für mangelnde Gleichbehandlung. Die Gründe hierfür sind vielschichtig. Bis 2030 möchte die Bundesregierung den Verdienstabstand auf 10 Prozent senken.

tagspause machen und zur Toilette gehen, wann ich möchte, das klingt verlockend.

Bei meinem ersten Sohn war das ähnlich, allerdings hatte ich kurz vor Ende der Elternzeit völlig gegensätzliche Gedanken wie »Mein Baby braucht mich doch« und »Die Zeit ist viel zu schnell vergangen«. Doch ich wusste, dass mein Sohn gut bei seinem Vater aufgehoben ist, denn wir hatten von Anfang an darauf geachtet, dass ich nicht zum Nonplusultra für unseren Sohn werde.

Worin besteht für dich die größte Herausforderung in Sachen Vereinbarkeit von Beruf und Familie?
Definitiv die Zeit, eigentlich hat man immer zu wenig davon. Man kann nicht vollkommen für das Kind da sein, allerdings auch nicht zu 100 Prozent im Job geben.

Denkst du, das hängt damit zusammen, dass man als Mutter zu hohe Ansprüche an sich selbst hat?
Ja, definitiv. Es ist auch Typsache, aber die meisten Mütter sind schon sehr streng mit sich selbst. Ich bin auch sehr selbstkritisch. Ich will einen guten Job machen, gleichzeitig will ich für meine Kinder das Beste und auch der Haushalt soll gut gemacht sein.

Was würde die Vereinbarkeit erleichtern?
Finanzielle Unterstützung übers Elterngeld hinaus. Wir konnten dieses Teilzeitmodell nur wählen, weil wir als Ingenieure beide sehr gut bezahlte Jobs haben. Finanziell gesehen war es nicht der große Wurf. Vor allem auch, weil man in Teilzeit auf Beförderungen verzichten muss. Kinder zu bekommen ist karrieretechnisch ein Minusgeschäft.

Als Eltern rechnet man hin und her, welches Modell man sich leisten kann. In Haushalten, in denen der Mann einen gut bezahlten Job hat und die Frau nicht, lohnt sich ein solches Teilelternzeitmodell nicht. Dadurch sind es auch weiterhin oft die Frauen, die die Care-Arbeit übernehmen.

Meine Mutter war mit uns sieben Jahre zu Hause, sie hatte vorher als technische Zeichnerin gearbeitet. Als sie zurückgehen wollte, hat man plötzlich nicht mehr auf Papier, sondern am PC mit CAD-Daten gezeichnet. Da sie den Wandel der Branche verpasst hatte, stand sie schlussendlich vor einem riesigen Problem.

Go with the flow

Als ich Rebecca über Instagram gefunden hatte, war ich gleich fasziniert von ihr. Ich kam mir ehrlich gesagt immer seltsam vor, wenn ich von meinem Berufsweg erzählen sollte: »Ich bin eine ausgebildete Tierarzthelferin, eine studierte Betriebswirtin, hatte kurzfristig einen eigenen Onlineshop, habe dann im Marketing gearbeitet und bin jetzt selbstständige Fotografin und Autorin.«

Ich bin sehr vom Glück geleitet. Alles, was ich mache, kommt direkt aus meinem Herzen. Themen wie Kunst und Kräuter begleiten mich schon mein Leben lang. Ich hatte auch nie Angst davor, etwas Neues anzufangen. Und für mich hat es keinen Sinn, abends traurig ins Bett zu gehen. Wenn sich etwas nicht mehr gut anfühlt, sollte man die Stille suchen und sich fragen, was man verändern kann.

Glaub mir, in 95 Prozent der Fälle kassierst du damit ein seltsam lang gezogenes »Aah, interessant«. Nun hatte ich jemanden vor mir, bei dem ich selbst erst »Ooookay« dachte. Rebecca ist ein spontanes Multitalent: Mit 23 Jahren zog sie nach einem Geistesblitz innerhalb von drei Tagen nach Berlin, um dort Schauspielerin zu werden. Spielte in einer Kinoproduktion mit und gründete nach der Geburt ihres ersten Kindes ihr Bio-Kindermode-Label Elfenkind. Doch damit nicht genug, gleichzeitig rief sie einen Mamablog ins Leben und schrieb fast nebenbei ein Buch übers Nähen mit Kindern.

Chancen fürs Leben nutzen

Böse Zungen würden Rebecca an dieser Stelle vielleicht unterstellen, dass sie ein Mensch ist, der sich nicht entscheiden kann, doch so kam sie mir keine Sekunde lang vor. Sie schien mir viel eher mit einem unglaublichen Vertrauen in das Leben konsequent dem Flow zu folgen. Und Chancen sofort zu nutzen, sobald sie sich ergeben.

Ich finde, es ist egal, ob du dein ganzes Leben lang ein und denselben Job machst oder ob du dich ständig neu erfindest. Wichtig ist, dass dieses Leben einfach viel zu kurz ist, um nur das zu machen, was andere wollen.

Mein Tipp für dich

Unter **@elfenkindberlin** sowie **@rebeccalina_awake** kannst du auf Instagram noch mehr über Rebecca, ihre Mode und ihr Familienleben, aber auch über Themen wie Nachhaltigkeit und Spiritualität erfahren.

Blind Date an der Universität

Was ist der Gedanke, der uns allen wohl kurz vor einem Blind Date durch den Kopf geht? »Hoffentlich muss ich nicht fünf Personen ansprechen, bis ich die richtige gefunden habe.« Was ich über Patrizia wusste: Genau wie ich über 30 Jahre alt, hat drei Kinder und studiert Lehramt.

Als ich vor der Bibliothek stand, stellte ich fest, dass die Erkennungsfaktoren *weiblich* und *über 30 Jahre* selbst an einem so belebten Ort wie der Bibliothek einer Uni durchaus ausreichten, um jemanden zu finden. Denn auch wenn wir uns im Herzen immer noch genauso jung fühlen, sehen wir mit Ü 30 doch erfahrener aus als die Durchschnittsstudentin. Als sich unsere Blicke trafen, war uns beiden klar, dass wir uns gefunden hatten.

Vollzeitstudium mit drei Kindern

Vor mir stand eine selbstbewusste Frau mit strahlenden braunen Augen und einem wunderschönen Lächeln. Ich war froh, dass ich sie so schnell gefunden hatte. Eine Frage, die mir besonders auf den Lippen brannte: »Wie schaffst du es, Vollzeit zu studieren und gleichzeitig drei Kinder zu betreuen?«

Ich selbst habe auch mal ein Jahr mit Baby studiert und ich war ehrlich gesagt heilfroh, als ich meinen Abschluss in der Tasche hatte. Anhaltender Schlafentzug gepaart mit Klausurstress: bis heute noch einer meiner schlimmsten Albträume.

Patrizias Kinder sind zwar schon neun und sechs (Zwillinge) Jahre alt, also ist Durchschlafen in dem Alter eher kein Thema mehr. Trotzdem bleibt ein Studium mit Präsenzveranstaltungen als Mutter eine Herausforderung. Denn das, was man als Student:in ohne Verpflichtungen durchaus wertschätzt (Semesterferien länger als Schulferien, teilweise lange Pausen zwischen den Veranstaltungen, morgens frei, dafür Abendvorlesungen), ist als Mutter eher schwierig mit dem restlichen Alltag zu vereinbaren.

Für Patrizia ist vor allem die Klausurphase herausfordernd, da sie grundsätzlich in die

PATRIZIA COLLURA-WARKEN

Lehramtsstudentin

39 Jahre / 3 Kinder / verheiratet / Erziehungswissenschaftlerin

Ferienzeit der Kinder fällt. Das bedeutet, während die Kinder einen Gang zurückschalten, muss sie richtig ranklotzen. Die Vereinbarkeit von Studium und Familie kann ein Balanceakt sein, doch irgendwie geht es immer.

Patrizias Geheimrezept, um die Doppelbelastung problemlos zu meistern, sind ein organisierter Alltag und ein gutes Netzwerk. Mit dieser Unterstützung lassen sich die Ferienbetreuung zur Klausurzeit, Abendvorlesungen und der Schichtdienst ihres Mannes gut meistern.

»Die Wenigsten von uns sind Herzchirurg:innen, also geht es bei den meisten von unseren Problemen nicht um Leben oder Tod.«

Immer volle Kraft voraus oder gibt es auch dunkle Stunden?

Doch was macht sie, wenn es mal nicht so läuft und sie das Gefühl hat, dass ihr alles über den Kopf wächst? Patrizias Antwort darauf: »Man muss sich manchmal auch einfach kurz zurückziehen und sich dann ganz bewusst fragen, worum es in dem Moment überhaupt geht. Die Wenigsten von uns sind Herzchirurg:innen, also geht es bei den meisten von unseren Problemen nicht um Leben oder Tod. Wenn ich mir darüber bewusst werde, hilft es mir dabei, meine Gedanken noch mal neu auszurichten. Es ist okay, wenn es nicht immer super läuft. Im Leben muss man eben auch mal mit Rückschlägen klarkommen.

Manchmal wird es auch schon besser, wenn ich einfach jemanden um Hilfe bitte. Ich muss nicht immer die Starke sein. Für mich ist es auch okay, dass ich nicht alle Rollen gleichzeitig supergut erfülle, sondern eben phasenweise. Auch wenn das etwas war, das ich erst lernen musste, denn eigentlich wollen wir ja am liebsten immer alles gleichzeitig perfekt machen.«

Was sich im ersten Schritt nach viel Verzicht, Disziplin und Struktur angehört hat, ist nur eines: Ansichtssache. Kurzfristig scheint der Schritt, als Mutter noch mal studieren zu gehen, viel Aufwand zu bedeuten, langfristig gesehen ist es wohl eine Bereicherung für die ganze Familie.

Frag nach ... warum eigentlich?

Wir fragen im Leben doch viel zu oft nach dem »Wie« anstatt nach dem »Warum«. Als ich mich auf die Reise zu diesem Buch machte, fragte ich alle Mütter immer zuerst, wie sie ihr Leben regeln. Mit der Zeit hat sich jedoch herausgestellt, dass das zwar

immer noch interessant, aber dass ein »Warum« noch viel spannender ist.

Patrizia entschied sich, noch mal zurück an die Uni zu gehen, weil sie etwas bewegen wollte. Sie wollte einen Job mit Sinn und Zukunft. Sie hatte die Nase voll von Zeitverträgen und einem Beruf, der nicht länger ihren Vorstellungen entsprach. Auch wenn sie auch mal hörte, sie sei »zu alt«, um von vorne anzufangen, bewies sie den Mut, es trotzdem zu tun. Denn ihr »Warum« war stark genug, um das »Wie« in Kauf zu nehmen.

Ein solcher Schritt wie Patrizias kann auch eine Beziehung fordern, denn ein Studium bedeutet nicht nur finanzielle Einbußen, sondern eben auch viel Organisationsaufwand. In manchen Zeiten weniger Zeit für Familie und Partner. Damit das, was kurzfristig kein Problem darstellt, auch langfristig zu keinem wird, achten Patrizia und ihr Mann darauf, sich immer wieder kleine Auszeiten als Paar zu gönnen. Kleine Inseln im Alltag, die die Nähe zueinander sicherstellen.

Zum Abschluss wollte ich noch von ihr wissen, ob es etwas geben würde, das ihr die Vereinbarkeit von Studium und Familie erleichtern würde. Sie lachte und sagte:

»Ganz klar, eine putzende Nanny mit einem Geldkoffer.« Mal ganz ehrlich, wer würde dazu Nein sagen?

Nicole Wehn

Diplom-Betriebswirtin, Marketingexpertin

44 Jahre / 2 Kinder / verheiratet / selbstständig

Liebe Nicole, deine Selbstständigkeit als Marketingexpertin war eher eine Art Notlösung, kein lang gehegter Traum. Wie kam es dazu?
Ich habe eine Art Mama-Karriereknick erlebt. Als ich mit meinem ersten Kind schwanger war, entschied ich mich trotz meiner damaligen Führungsposition für eine längere Auszeit. Ich wollte die Mamarolle genießen und dachte, ich würde Erfüllung darin finden. Ein Irrtum; nach sechs Monaten bin ich wieder voll eingestiegen.

Zwei Jahre später war ich dann am Rande des Burnouts. Ich hatte ständig das Gefühl, dass ich nichts und niemandem mehr gerecht werde. Vor allem nicht mir selbst. Ich entschied mich für eine Pause, kurze Zeit später bin ich zum zweiten Mal schwanger geworden. Fast zur gleichen Zeit wurde mein Mann nach England versetzt und ich stand wieder vor der Frage, wie lange ich dieses Mal Elternzeit machen sollte.

In England gehen Mütter üblicherweise kurz nach der Geburt wieder in Vollzeit arbeiten, aber beim zweiten Mal wollte ich es »besser« machen. Deshalb entschied ich mich, auf unbestimmte Zeit zu Hause zu bleiben.

Nach eineinhalb Jahren wurde mein Mann wieder nach Deutschland versetzt. Für mich war klar, dass ich nach der Eingewöhnung meines zweiten Kindes wieder arbeiten würde. Insgesamt war ich vier Jahre aus meinem Job raus. Ich wollte eine Teilzeitstelle im Marketing, doch es gab nur Assistenzstellen zum Gehalt eines Berufsanfängers oder Vollzeitstellen mit 60 Wochenstunden, von denen aber nur 40 bezahlt werden.

Schlussendlich bin ich dann doch als Assistentin in Teilzeit mit einem Studentengehalt wiedereingestiegen. Das war für mein Selbstbewusstsein eine Katastrophe, ich dachte: »Okay, die Welt hat offensichtlich nicht auf dich gewartet.«

Ich war vorher wirklich der festen Überzeugung, dass ich mit meiner Qualifikation auf jeden Fall noch mal einen guten Job finden würde. Doch es war, als würde meine ganze Erfahrung nicht mehr zählen, nur weil ich aufgrund der Kinder vier Jahre lang nicht gearbeitet hatte.

Mein Mann brachte mich dann schließlich auf die Idee, meine Leistung als Selbstständige auf Stundenbasis anzubieten. So kam ich zur Selbstständigkeit quasi wie die Jungfrau zum Kind. Mittlerweile finde ich sie total geil.

Wolltest du alle Rollen gleich gut erfüllen oder kam das eher von außen?

Ich denke, es war eine Mischung aus allem. Ich hatte immer diese total romantische Mama-Vorstellung. Ich hatte erwartet, dass ich in dieser Rolle aufgehe, doch es kam anders. Ich liebe meine Kinder und ich verbringe gerne Zeit mit ihnen, aber Mutter zu sein ist tatsächlich ganz anders, als ich mir das vorgestellt hatte.

Nicole hat etwas geschafft, was viele noch versuchen – sich loszulösen von den Erwartungen anderer.

Schon immer war ich ein freiheitsliebender Mensch, ich bin viel gereist. Plötzlich war ich fremdbestimmt. Außerhalb meiner Arbeit war ich eine Milchmaschine. Bei der Arbeit war ich mehr als »nur« Mutter, man hat mich nach meiner Meinung gefragt und ich wurde wertgeschätzt. Obwohl mir meine Arbeit so gefiel, hatte ich immer wieder dieses schlechte Gewissen. Ich dachte wirklich, ich sei »falsch«.

Was denkst du, wo dieses Bild der »perfekten Mutter« herkommt?

Das hört sich jetzt vielleicht ein bisschen blöd an, aber in meinen Augen spielen die Medien da eine große Rolle. In Filmen sah man lange nur diese immer glücklichen Mütter, die zu Hause bleiben. Mir hat keiner gesagt, dass ich für mich meinen eigenen Weg finden muss und vor allem auch finden darf!

Wir müssen nicht alle das gleiche Rollenmodell leben. Wir haben die Freiheit, so zu leben, wie wir das möchten. Mein Mann hat mich sehr darin unterstützt, meinen Weg zu finden. Er hatte bei seinen Eltern gesehen, was passiert, wenn die Frau ihren Job für die Familie aufgibt und dann den Wiedereinstieg nicht mehr schafft.

Ich habe meine Qualifikationen und meine Fähigkeiten ja nicht mit der Geburt des Kindes im Kreißsaal abgegeben, auch wenn es mir zwischenzeitlich so vorkam, als dächte die Arbeitswelt so.

Was ist für dich die größte Herausforderung in Sachen Vereinbarkeit von Beruf und Familie?

Mein Anspruch an mich selbst. Ich kann es nicht so lassen, wie es ist, ich möchte höher, schneller, weiter. Ich habe einfach den Wunsch und auch den Anspruch an mich, meine Ziele voranzutreiben. Meine größte Herausforderung ist es zu akzeptieren, dass ich manchmal nicht alles so verfolgen kann, wie ich möchte. Meist bin ich voll im kreativen Flow, wenn es Zeit ist, die Kinder abzuholen. Das finde ich anstrengend.

Haben deine Kinder deine Einstellung zum Thema Karriere verändert?

Meine Kinder haben mich geerdet und mir gezeigt, was wirklich wichtig ist. Durch sie habe ich verstanden, wer ich bin, und auch, wer ich nicht sein will. Sie erkennen manche Dinge schneller als wir Erwachsenen – und sind somit meine wichtigsten Lehrmeister.

Was ist dein Geheimtipp für andere Mütter und ihre Lebensplanung?

Einfach weniger nach links und rechts zu schauen. Ich würde jedem empfehlen, sich nicht mit anderen zu vergleichen, sondern für sich selbst den passenden Weg zu finden. Man muss nicht das Leben von anderen führen, man muss auch nicht deren Erwartungen erfüllen. Letzteres habe ich viel zu lange versucht.

Eine Familie ist etwas ganz Individuelles. Ein weiterer Punkt: sich frühzeitig, am besten schon vor der Geburt, mit dem Partner hinsetzen und verschiedene Grundsätze in Sachen Erziehung klären. Das geschieht rationaler und somit objektiver, als wenn man als frischgebackene Eltern schon auf dem Zahnfleisch geht.

Leonie Lutz

Gründerin von MiniMenschlein.de & Journalistin

42 Jahre / 2 Kinder / verheiratet / freiberuflich

Homeoffice – Fluch oder Segen?

Was hast du aus deiner langjährigen Homeoffice-Zeit gelernt? Wie fing alles an?
Ich bin seit der Geburt meiner älteren Tochter vor 16 Jahren selbstständig und im Homeoffice. Ich hatte zwar immer wieder Jobs, bei denen mir die Auftraggeber auch ein Büro gestellt haben, aber mit der Geburt meiner zweiten Tochter war klar, dass ich ausschließlich im Homeoffice arbeiten werde. Wir hatten lange Zeit auch einfach keinen Kitaplatz bekommen.

Irgendwann begann für die Kleine die Kita, die Große war ohnehin in der Schule. Ich konnte mich wieder voll und ganz ins Business stürzen. Das ging viele Monate lang wirklich gut, hatte aber auch Schwächen. Kam meine große Tochter aus der Schule, war ich »da«, also ansprechbar. Ich konnte nicht sagen: »Du, ich muss mich gerade konzentrieren, ich arbeite noch«, weil sie mich als Mama zu Hause wahrgenommen hat.

Und da merkte ich allmählich, dass ich an meine Grenzen komme. Immer da und trotzdem bei der Arbeit. Was sich anfangs ideal mit der Familie vereinbar angefühlt hatte, war im Grunde doppeltes Stresspotenzial. Ich konnte kaum abschalten.

Dadurch, dass ich meinen Laptop auch immer sehen konnte, wurde ich ständig an die

Arbeit erinnert. Es gab Phasen, in denen schrieb ich jeden Abend bis in die Puppen, um endlich das Gefühl zu haben, eine Menge geschafft zu haben.

Ich beendete mein Projekt Homeoffice, mietete ein Büro, stellte eine Mitarbeiterin ein und hatte plötzlich diesen Freiraum: Abschalten. Kurzum: Ich war einfach zu Hause und nicht mehr bei der Arbeit. Das habe ich auch konsequent durchgezogen – bis 2020 Corona kam und damit ein heftiger Umsatzeinbruch. Und nun bin ich zurück in meinem alten Setting ...

Kannst du dir vorstellen, wieder täglich ins Büro zu fahren?
Die Kids werden älter, ziehen irgendwann aus und mit 50 werde ich nicht in Rente gehen. Insofern will ich das für die Zukunft gar nicht ausschließen. Zurzeit ist mein Homeoffice gar nicht so unpraktisch.

Worin liegen für dich die Vor- und Nachteile von Homeoffice?
Gerade mit Kindern kann das Homeoffice entspannend sein, wenn die Auftragslage so mittelmäßig ist. Je mehr Arbeit sich auftürmt, als desto belastender empfinde ich das Homeoffice. Ich zum Beispiel mache statt Mittagspause dann die Wäsche, koche für den Abend vor oder geh mal schnell einkaufen. Dabei bräuchte mein Kopf Input von außen, Gespräche oder einfach ein gutes Essen mit Kollegen oder Freunden.

Nehmen deine Kinder dich ernst bei der Arbeit? Bei mir gestaltet sich das schwierig ...
Ja, diese Erfahrung habe ich auch gemacht. Da möchte ich meinen Kindern auch gar keinen Vorwurf machen. Papa arbeitet, also ist er nicht da. Mama arbeitet, ist aber da? Na, dann kann man sie ja auch mit Fragen löchern oder über die Schulter schauen ...

Für Kinder ist es nicht einfach. Schon gar nicht durch Smartphone und Co. Mein Smartphone ist zum Beispiel Arbeitsgerät Nummer eins. Das mussten auch alle lernen: Mama spielt keine Spiele, Mama arbeitet gerade damit.

Was ist dein Geheimtipp für Eltern im Homeoffice?
Regeln von Anfang an, ganz klare Regeln. Das habe ich selbst nämlich verpasst.

Was sind deine persönlichen Dos & Don'ts für das Homeoffice?
»Dos« sind für mich Listen und Wochenpläne. Das schafft Struktur und beruhigt. »Don't« wäre beispielsweise zu viel parallel schaffen zu wollen, Haushalt und Job zum Beispiel. Aber das fällt mir auch nicht leicht, wenn die ganzen Aufgaben augenscheinlich vor einem liegen.

Mein Tipp für dich

Unter **@minimenschlein** auf Instagram kannst du mehr über Leonie und ihre Arbeit als Bloggerin erfahren. Auf **@kinderdigitalbegleiten** bekommen Eltern wertvolle Tipps, wie sie ihre Kinder an die digitale Welt heranführen.

Homeoffice-Survival-Tipps

Büroschild: Grün = Mama hat gerade keine super wichtige Arbeit und darf auch mal gestört werden. Rot = Mama muss sich konzentrieren, jetzt darf man nur im Notfall stören. **Tipp:** Gestalte das Schild mit deinen Kindern zusammen, dann fühlen sie sich damit stärker verbunden.

Telefon-Tipp: Lieblingssendung der Kinder kurz vor dem wichtigen Telefonat im TV anstellen – die Stille genießen. Ist zwar nur selten möglich, aber wenn es wirklich wichtig ist, ein echter Retter in der Not.

Geben und Nehmen: Wer zuerst drei Runden Uno und vier Puzzle mitgemacht hat, darf anschließend auch in Ruhe arbeiten.

Wer einen Drucker zu Hause hat: Ausmalbilder!

Mal zwischendurch Waschmaschine ausräumen, Küche putzen oder Chaos beseitigen: aber nicht länger als 20 Minuten am Stück! Sonst heißt das Prokrastination, also Arbeitsaufschub.

Homeoffice ohne Kinder zu Hause: Zeitmanagement, will heißen: Wer nicht ungefähr abschätzen kann, wie lange einzelne Arbeitsschritte dauern, hat von vornherein schlechte Karten.

Kurz & knapp

1. Jeder empfindet die Elternzeit anders. Das Schöne ist, dass die Gestaltung der Elternzeit in den meisten Fällen so angepasst werden kann, dass sie den tatsächlichen Bedürfnissen der Familien entspricht.

2. Mama und Unternehmerin sein schließen sich nicht gegenseitig aus. Ganz im Gegenteil, mit entsprechender Vorbereitung hat jede Firmeninhaberin wieder die Chance, mehr »am« Unternehmen zu arbeiten, statt »mittendrin«.

3. Ein Vollzeitjob lässt sich mit entsprechendem Netzwerk auch prima mit Kindern vereinbaren. Es gibt Mütter, die gerne viel arbeiten – und das ist okay.

4. Ein gemeinsames Teilzeitmodell ermöglicht es Familien, mehr Zeit miteinander zu verbringen. Allerdings kann das auch bedeuten, dass man seine Aufstiegschancen für einen Weile zurückstellen muss.

5. Egal, ob man sein eigenes Unternehmen gründet, eine weitere Ausbildung macht oder noch mal ein Studium anfängt: Wo ein Wille ist, ist auch ein Weg.

6. Ein Karriereknick kann auch eine Chance sein.

7. Homeoffice mit Kindern: einerseits flexibel und frei, bringt aber auch Herausforderungen mit sich.

Meine Erkenntnisse
zum Thema Mama@work

1. Auch du darfst deine Meinung ändern

Die Frauen aus diesem Kapitel haben mir das wieder verdeutlicht. Du musst keine zwei Jahre Elternzeit durchhalten, wenn du eigentlich nach einem Jahr gerne wieder arbeiten gehen möchtest. Genauso okay ist es, wenn du merkst, dass zwei Jahre für dich viel zu kurz sind und du lieber drei Jahre daraus machst. Leben heißt Veränderung und manchmal kommen die Dinge eben auch anders als erwartet. Daher ist es völlig legitim, den Kurs zu korrigieren.

2. Die Zeit, in der die Kinder meine volle Mamapower brauchen, ist, relativ betrachtet, kurz

Wenn wir mittendrin stecken, kommt es uns nur so vor, als würde diese Phase ewig dauern. Diese Tatsache hat mir einerseits vor Augen geführt, dass ich die Zeit mit meinen Kindern intensiv nutzen möchte, andererseits aber auch, dass ich mich und auch meine berufliche Zukunft im Auge behalten will und muss, da es auch einen hoffentlich langen Lebensabschnitt nach den Kindern gibt.

3. Es ist okay, wenn du gerne viel arbeitest

Wir brauchen kein schlechtes Gewissen zu haben oder uns zu schämen, wenn wir als Mutter gerne und auch viel arbeiten. Wir sind alle unterschiedlich, und was sich eine erträumt, davor schreckt die andere zurück. Das Wichtigste ist, dass du als Frau und Mutter glücklich bist. Und mit dem richtigen Netzwerk als Rückhalt ist auch ein Vollzeitjob kein Problem. Wenn **DU DAS WILLST!**

Und ... alles auf Anfang!

Ein letztes Highlight meiner Reise verrate ich dir noch: Für die finalen 3000 Kilometer von meinem Projekt habe ich acht Tage lang meine Familie in einen VW Polo gesteckt. Wir sind zu viert durch 14 Bundesländer getourt. Vor dem Projekt lebten wir den Klassiker unter den Familienmodellen, mein Mann arbeitete Vollzeit und kümmerte sich um die »schweren« Dinge (Reparaturen, Garten, Auto ...). Ich arbeitete Teilzeit und übernahm den Hauptanteil der Care-Arbeit.

Im Rahmen dieses Projekts entwickelte sich unser Modell weiter und so kam es, dass wir nun beide Vollzeit arbeiten und wir alle anderen Bereiche gemeinsam bewältigen. Während der Tour übernahm er die Kinder und ich gebe zu: Ich habe es genossen! Als die Kinder an Tag zwei bei Grundbedürfnissen wie Hunger oder Durst nach Papa riefen, ertönte in meinem Kopf tosender Applaus. Ich hatte es geschafft, ich hatte mich weiterentwickelt und meine Familie sich mit mir. Sie waren glücklich und ich war es auch.

Und so war es auch kein Problem, jeden Tag in einer neuen Stadt aufzuwachen und wieder neue Termine abzuarbeiten. Wenn ich das Ganze noch mal planen würde, würde ich allerdings mehr Pausen einbauen, denn zugegebenermaßen hatte ich in der Mitte der Tour, irgendwo zwischen Stralsund und Cottbus, ein kleines Tief ...

Doch das war kein Problem, denn da standen sie, meine drei Lieblingsmenschen, die von mir quer durch Deutschland auf Familienabenteuer entführt worden waren. Für mich war diese Zeit der Inbegriff von Freiheit und Glück.

Schön, dass ihr mit mir die Lebensentwürfe dieser Mütter verfolgt habt. Und nun wünsche ich euch ganz viel Mut für eure eigenen Schritte in die für euch richtige Richtung!

Und noch so viel mehr zu entdecken ...

Tipps, Medien, Informationen zum Nachlesen, Anlaufstellen

Klar, im großen weiten Netz der Infos kann man sich schnell verlaufen und auch mal auf einer dubiosen Seite landen. Deshalb kommen hier einige Tipps, die mir geholfen haben, meinen tausendundein Fragen als Mama auf den Grund zu gehen. Antworten muss dann jede selbst für sich finden ...

Zitierte Umfragezahlen und relevante Studien

1. Statistisches Bundesamt: Elterngeldempfänger nach Geburtszeiträumen: Deutschland, Jahre 2009–2014 (verfügbar), Geschlecht, Bezugsdauer des Elterngeldes. [Die Tabelle findest du auf www-genesis.destatis.de mit dem Suchbegriff »22922-0009«]
2. Schindler, Philippa: Mütterlichkeit im Netz. Eine kritische Diskursanalyse des Mutterbildes anhand von Mama-Blogs. Bachelorarbeit an der TH Köln, 2018. [Die Arbeit findest du auf publiscologne.th-koeln.de mit dem Suchbegriff »Mütterlichkeit im Netz«]
3. Louis, Chantal: Ich Mann. Du Frau. Emma, 25. Juli 2017. [Den Artikel findest du auf emma.de mit dem Suchbegriff »So tönt es zwar heute bei Mario Barth«]
4. Rme/aerzteblatt.de: Wie eine Schwangerschaft das Gehirn der Mutter verändert. 20. Dezember 2016. [Den Artikel findest du auf aerzteblatt.de mit dem Suchbegriff »Elseline Hoekzema«]
5. Matthias Keller, Dr. Irene Kahle: Realisierte Erwerbstätigkeit von Müttern und Vätern zur Vereinbarkeit von Familie und Beruf, Statistisches Bundesamt (Destatis), Juni 2018. [Den Beitrag findest du auf destatis.de mit dem Suchbegriff »familiäre Vereinbarkeitsarrangements«]
6. Ernst & Young GmbH: Mixed Leadership Barometer Deutschland 2020. [Das PDF mit den Ergebnissen der Studie findest du über Google mit dem Suchbegriff »Mixed Leadership-Barometer Januar 2020«]
7. Tierney, John: Do you Suffer from Decision Fatigue? *New York Times*, 2011. [Den Artikel findest du auf nytimes.com mit dem Suchbegriff »Do You Suffer From Decision Fatigue«]
8. Statistisches Bundesamt: Pressemitteilung Nr. 282 vom 29. Juli 2020, Geburtenziffer 2019 auf 1,54 Kinder je Frau gesunken. Frauen bei Geburt des ersten Kindes im Durchschnitt älter als 30 Jahre. [Die Pressemitteilung findest du auf destatis.de mit dem Suchbegriff »Geburtenziffer 2019 auf 1,54 Kinder«]
9. Statistisches Bundesamt: Pressemitteilung Nr. 475 vom 11. Dezember 2019, KORREKTUR: Jede fünfte Frau zwischen 45 und 49 Jahren war 2018 kinderlos. [Die Pressemitteilung findest du auf destatis.de mit dem Suchbegriff »KORREKTUR: Jede fünfte Frau zwischen 45 und 49«]
10. Fraktion BÜNDNIS 90/DIE GRÜNEN: Gesetz zur Änderung des Fünften Buches Sozialgesetzbuch zur Gleichstellung nichtehelicher Lebensgemeinschaften und lesbischer Paare bei der Kostenübernahme für Maßnahmen der künstlichen Befruchtung. [http://dipbt.bundestag.de/extrakt/ba/WP19/2348/234855.html]
11. Statista: Wie lang planen Sie insgesamt Elternzeit zu nehmen? Online-Umfrage zur Dauer der Elternzeit in Deutschland nach Geschlecht 2017 [Die Ergebnisse der Studie findest du auf de.statista.com mit dem Suchbegriff »Umfrage zur Dauer der Elternzeit«]
12. Statistisches Bundesamt: Personen in Elternzeit. [https://www.destatis.de/DE/Themen/Arbeit/Arbeitsmarkt/Qualitaet-Arbeit/Dimension-3/elternzeit.html]
13. Bundesministerium für Familie, Senioren, Frauen und Jugend: Väterreport. Vater sein in Deutschland heute. 3. akt. Auflage 2018 [Die Broschüre findest du auf bmfsfj.de mit dem Suchbegriff »Väterreport«]
14. Statistisches Bundesamt: Gender Pay Gap [https://www.destatis.de/DE/Themen/Arbeit/Arbeitsmarkt/Qualitaet-Arbeit/Dimension-1/gender-pay-gap.html]

Blogmagazine

www.littleyears.de
Lifestyle-Magazin mit Themen rund um Schwangerschaft, Geburt und die ersten Jahre mit Kind. Mein persönliches Highlight sind die authentischen Mütterportraits.

www.ohhhmhhh.de
Herrlich ehrlich, sag ich dazu nur, und dazu eine riesige Portion an Humor. Hier findest du Artikel zu allen Themen, die uns Frauen bewegen: Aktuelles, Karriere, Bücher, Beauty, Fashion, Astrologie. Das Beste: Das Blogmagazin kann man nicht nur lesen, sondern auch hören. Dazu gibt es noch eine monatliche digitale Goodiebag.

www.wasfuermich.de
Hier bekommst du eine große Portion an Inspiration für deinen Familienalltag, samt DIY-Ideen, Rezeptvorschlägen und Reisetipps. Die Einblicke in Claudias buntes Familienleben hinterm Deich bringen mich immer zum Träumen.

Büchertipps

Amend, Lars: *It's All Good: Ändere deine Perspektive und du änderst deine Welt*, Kailash, 2019

Fröhlich, Laura: *Die Frau fürs Leben ist nicht das Mädchen für alles: Was Eltern gewinnen, wenn sie den Mental Load teilen*, Kösel, 3. Auflage 2020

Gilbert, Elizabeth: *Big Magic: Nimm dein Leben in die Hand und es wird dir gelingen*, Fischer Taschenbuch, 3. Auflage 2017

Hollis, Rachel: *Schmink's dir ab: Lass die Lügen los und lebe*, SCM Hänssler, 2019

Lewina, Katja: *Sie hat Bock*, DuMont Buchverlag, 2. Auflage 2020

Mol-Wolf, Kasia: *Du hast die Power! Verwirkliche deinen Traum: Wie ich geschafft habe, was du auch schaffen kannst*, Ariston, 2019

MutterKutter: *Der Survival-Guide für Mamas: Die besten Überlebensstrategien für deinen Familienalltag. Entspannt durch die Vor- und Grundschulzeit. Mehr Zeit, mehr Kraft, mehr DU!*, humboldt, 2020

Pausder, Verena: *Das neue Land. Wie es jetzt weitergeht!*, Murmann Publishers, 2. Auflage 2020

Perry, Philippa: *Das Buch, von dem du dir wünschst, deine Eltern hätten es gelesen (und deine Kinder werden froh sein, wenn du es gelesen hast)*, Ullstein, 11. Auflage 2020

Schmidt, Nicola: *Erziehen ohne Schimpfen: Alltagsstrategien für eine artgerechte Erziehung*, GU, 12. Auflage 2019

Shetty, Jay: *Das »Think Like a Monk«-Prinzip: Finde innere Ruhe und Kraft für ein erfülltes und sinnvolles Leben*, Rowohlt, 1. Aufl. 2020

Tolle, Eckhart: *Jetzt! Die Kraft der Gegenwart*, Kamphausen Media Gmbh, 11. Aufl. 2018

Instagram-Accounts der Mamas aus dem Buch

Dauber, Nora: @goldschmiede_dauber
Gärtner, Sabine: @mami_connection
Gerstenberg, Maria: @mariakristingerstenberg
Huhn, Jana: @vonkopfbisfuss_
Knackstedt, Jessica: @knackig.starten
Lüking, Kerstin: @mutterkutter
Lutz, Leonie: @kinderdigitalbegleiten
Maniva Melo, Daniela @siebenkilopaket
Mol-Wolf, Kasia: @kasia_inspired
Nichols, Caroline: @caro_nichols
Panidis, Hannah: @hannahpanidis
Paulus, Tina: @tinapaulusmalt
Rando, Camilla: @camiiii und @wirsindsocialmoms
Schiweck, Charlotte und Laßmann, Julia: @momunityapp
Schlutius, Hannah: @hannahsfavorites
Schmitt-Lang, Jutta: @juttaschmittlang
Schmitz, Roxanne: @unverkennbar_du
Staudt, Claudia: @claudistaudi
Thélusmon, Mélissa: @itsyourjourney_melissa_ger
Wacker, Lea: @kruemel_im_bett
Wehn, Nicole: @nicolewehn.de

Koch, Martina: KMU_Staerkerin (Twitter)

Podcasts

»Eltern ohne Filter«, Bayrischer Rundfunk
Dieser Podcast wurde mir selbst mal empfohlen und ich war sofort von diesem ehrlichen und authentischen Hörerlebnis begeistert. Mütter und Väter, die unverblümt über ihr Elterndasein sprechen. Eltern ohne Filter eben.

»Endlich Om«, Stephanie Luxat
Ich bin ein großer Stephanie-Luxat-Fan! Ihr Podcast richtet sich an Spätzünder:innen in Sachen gesunde Ernährung, Selbstliebe und Nachhaltigkeit.

»happy, holy & confident«, Laura Malina Seiler
Dieser Podcast war mein persönlicher Einstieg in das Thema Spiritualität und persönliche Weiterentwicklung. Hier erwarten dich spannende Interviews, kraftvolle Powertalks und unglaublich wohltuende (Geh-)Meditationen.

Anlaufstellen für Kinderbetreuung und Vereinbarkeit mit Job

Suche nach Babysittern und Fremdbetreuung außerhalb der städtischen und privaten Kindertageseinrichtungen:
www.betreut.de
Unternehmensprogramm des Bundesfamilienministeriums zur Bündelung von Informationen, Netzwerken und ein Förderprogramm für betriebliche Kinderbetreuung:
www.erfolgsfaktor-familie.de
Ebenfalls angesiedelt beim Bundesfamilienministerium als Plattform und Netzwerk für ehrenamtliche Initiativen vor Ort:
www.lokale-buendnisse-fuer-familie.de
Starke Eltern – Starke Kinder®, Elternkurse des Kinderschutzbundes: **www.sesk.de**

FINANZIELLE UNABHÄNGIGKEIT
Wer sich mit einer guten Idee immer schon mal in die Selbstständigkeit wagen wollte: **www.gruenderszene.de**
So sieht es aus mit der Rente:
https://www.deutsche-rentenversicherung.de/DRV/DE/Rente/Familie-und-Kinder/Kindererziehung/kindererziehung_node.html
Wessen berufliche Tätigkeit es erlaubt, kann sich im Bereich der Virtual Assistants ein neues Standbein aufbauen. Oder für das eigene Business welche anheuern. Eine knackige Umschreibung findet ihr hier: **https://travelworklive.de/personal-assistant-virtueller-assistent/ und https://mobilitymag.de/virtual-assistant/**

Zeitschriften

Weg vom »sich alleine fühlen«, hin zu »sich verstanden fühlen«. Das Magazin für selbstbestimmte Frauen: **emotion**
Lebensbejahend, coole Ideen: **Flow**

Wer tiefer ins eigene Innere eintauchen will: **I am by Laura Malina Seiler**
Positivität, Qualität und Achtsamkeit in schillernden Facetten: **Ma Vie**

Die Autorin

Corinna Mamok arbeitet als selbstständige Fotografin und Autorin. Sie liebt es, Geschichten in Form von Bildern und Texten zu erzählen, dabei gehören Familie und Muttersein zu ihren absoluten Herzensthemen. Corinna ist fasziniert von zwischenmenschlichen Beziehungen und den besonderen Synergien, die man innerhalb einer Familie erlebt. Ihrer Meinung nach sind es die Beziehungen, die im Leben eines Menschen den Unterschied machen. Vor allem auch die zu sich selbst. Diese durfte sie im Rahmen ihrer Mutterrolle noch mal völlig neu für sich entdecken. Ihre größten Lehrmeister sind dabei das Leben und die Menschen, die ihren Weg begleiten und kreuzen.

Danke

Ich habe lange überlegt, wie ich in so wenigen Worten all den Menschen danken soll, die mich im Rahmen dieses Buchs unterstützt haben. Ganz ehrlich, es ist unmöglich. Denn weder diese Seite noch ein einfaches Danke reichen aus, um auszudrücken, was ich fühle. Es war die Achterbahnfahrt meines Lebens und ich bin dankbar für alle, die ein Stück mit mir gefahren sind. Ganz besonders möchte ich Anja, Annika und Esther danken. Ohne euch wäre das Buch nicht das, was es heute ist. Das größte Danke geht an meine Lieblingsmenschen, ihr bleibt für immer mein größter Erfolg. Ich liebe euch! Zuletzt möchte ich Squirrel Danke sagen. Schön, dass du mich begleitet hast.

Bildnachweis

Copyright Fotos © Corinna Mamok (alle außer: S. 33, 38, 39: © Jana Huhn; S. 35 © kmatija; S. 103: © Morsa Images; S. 109: © Dane Wetton; S. 120: © Katie Treadway; S. 236: © Mark Rohan)

Impressum

Deutsche Originalausgabe

Ein Unternehmen der Média Participations

Projektleitung: Anja Sommerfeld, Knesebeck Verlag
Lektorat: Annika Genning, München
Gestaltung und Satz: Esther Schwarz, Berlin, estherschwarz.com
Herstellung: Arnold & Domnick, Leipzig
Druck: Graspo CZ, a.s.
Printed in Czech Republic

ISBN 978-3-95728-466-2

www.knesebeck-verlag.de

MIX
Paper from responsible sources
FSC® C010798
www.fsc.org